何をどう書けば受かるのか

昇進試験小論文合格法

ウェブ小論文塾 代表
今道琢也
Takuya Imamichi

自由国民社

はじめに

　本書は、**昇進試験へ向けて小論文対策に取り組む人のための本**です。業界、職種、職位を問わず広く活用していただけます。昇進試験において小論文は広く取り入れられていますが、多くの人が苦手としています。高得点を取るためには、昇進試験独特の出題パターンを知り、それに合った対策を取ることが不可欠です。

　私が経営する「ウェブ小論文塾」では、創業以来、昇進試験の小論文指導をして欲しいという依頼が多数寄せられています。昇進試験は大学入試や公務員試験と違って、塾や模試が充実していません。また、小論文の参考書そのものは多数出回っていますが、多くは大学入試や就職試験を対象にしたものです。昇進試験を専門にした小論文の参考書は少ない上、民間企業も含めた幅広い業界を対象にした対策書となると、さらに少数です。こうしたことから、本書ではどんな業界で働く人にも役立つ**「昇進試験の小論文対策本の決定版」**を目指しました。公務員、会社員、病院職員、学校職員など様々な立場を想定した解答例を盛り込んでおり、広くご活用頂けます。

　私はこれまで、官公庁をはじめ、メーカー、小売業、IT企業、金融機関、医療機関、大学、公立学校など、多種多様な昇進試験の小論文指導を行ってきました。その中で、昇進試験の小論文の出題傾向や、受験者が陥りやすいミス、どういう手順を踏めば書けるようになるのかなどが、はっきりと見えてきました。本書はそうした情報・ノウハウを一挙に公開するものです。執筆に当たっては、小論文試験が苦手な人も念頭に、答案を書くために必要な知識、手順などをできる限りわかりやすく解説しています。

　本書を存分に活用して、ぜひとも合格を勝ち取ってください。

ウェブ小論文塾　代表　今道琢也

目次

第1章
小論文試験突破のために
知っておきたいこと

第2章
職場や受験者本人のことを書かせる出題（資料なし）

第３章
行政の抱える課題についての
出題（資料なし）

第4章
資料付きの出題

第1章

小論文試験突破のために
知っておきたいこと

昇進試験の
出題パターンを知る

　昇進試験の小論文の勉強を始めるに当たって、どのような出題パターンがあるのか、知っておきましょう。

　大きく分けると、**「資料なし」** の単純なタイプと、**「資料あり」** の、二種類があります。

　「資料なし」の出題は、例えば「職場の課題を指摘した上で、管理職としてあなたは解決に向けどのようなことに取り組んでいくか、考えを述べなさい」など、問題文のみです。業界、組織の規模を問わずに広く出題されます。

　「資料あり」の出題は、グラフなどの資料が付いていて、それを元に答えさせる問題です。

　そして「資料なし」「資料あり」は、出題内容からそれぞれをさらに二種類に細分化できます。
　「職場や受験者本人のことを書かせる出題」 と、**「行政の抱える課題について書かせる出題」** の二種類です。

　これらを整理すると、右ページの表のようになります。

　このほか、大学入試の小論文のように、課題文を提示し「課題文の要旨をまとめた上で、それに対しての意見を書きなさい」というタイプの出題も一部で導入されています。自治体、企業などによっては、もっと特殊な出題もあるでしょうが、私の知る限り、昇進試験はほぼ上記の4パターンに収まります。

昇進試験の主な出題パターン

資料の有無	資料なし	
出題内容	①職場や受験者本人のことを書かせる（本書第2章）	②行政の抱える課題について書かせる（本書第3章）
出題の例	「職場での情報共有の重要性について指摘し、このことに昇進後どう取り組むか述べなさい」	「本市では少子高齢化が進行しているが、この問題に市としてどのように取り組むべきか考えを述べなさい」
業界とその頻度（当塾の分析による）	公務員、会社員、教職員、病院職員など、業界や職種、組織の規模を問わず広く出題されている。最もよくある出題パターン。[出題頻度] ◎	一部の公務員の昇進試験で出題されている。[出題頻度] ○

資料の有無	資料あり	
出題内容	③職場の課題を書かせる（本書第4章）	④行政の抱える課題について書かせる（本書第4章）
出題の例	「次の資料を読んだ上で、この職場の課題点は何かを指摘し、その課題をどのように解決していくべきか考えを述べよ」★一つ、または複数の資料付き	「次の資料を読んだ上で、高齢化に関しての本県の課題点は何か、それを今後どのように解決していくべきか考えを述べよ」★一つ、または複数の資料付き
業界とその頻度（当塾の分析による）	公務員、会社員の昇進試験で出題されることがある。規模の大きな組織で出題されることが多い。[出題頻度] ○	公務員の昇進試験で出題されることがある。規模の大きな組織で出題されることがある。[出題頻度] △

本書では上記の分類に従って、出題テーマの解説や解答例を掲載しています。なお、④の出題例はごく少数なので③と一括して解説します。

　過去問題が手元にある方は、出題傾向の近いパターンの章で学習してください。どのような問題が出るか分からない方は、上記の分析を目安にして自分に合った出題パターンのものに取り組んでください。

　なお、①は最も基本的な出題です。小論文の書き方の基礎固めをするという意味で、すべての受験者が目を通してください。
　①で解説しているテーマは、小論文だけでなく、事前に提出する書類や面接でも聞かれる可能性があります。①に取り組むことは、その対策にもなります。

　昇進試験の対象となる職位は、主任、係長、課長、マネージャーなど様々ありますが、目立った出題傾向の違いはありません。
　第2章以降で、主任、係長、課長など様々な職位を想定した問題が「例題」として掲載されていますが、自分の職位に置き換えて解答を考えてください。

答案を書くための
基本的な手順

　どのような出題であれ、まずは問題文をよく読み、**何を聞かれている
のかをしっかりと押さえる**ことが大事です。当たり前のことのようです
が、それができている答案はわずかです。

　例えば、次のような出題では、何を書けば良いのでしょうか。

問題
「職場での情報共有の重要性について指摘し、このことに管理職として
どう取り組むか述べなさい」

　この場合、
　「職場での情報共有の重要性について指摘する」
　「このことに管理職としてどう取り組むか」
　この二点を書くことが目的です。**ここからそれる話は一切書かないで
ください。**答案の指導をしていると、出題と違うことを書いている答案
があまりにも多いことに気付きます。例えば、「職場での情報共有」に
ついて聞いているのに、「自治体として積極的に情報公開をしていくべ
きだ」といった話にそれているケースです。「職場での情報共有」は、部
内、課内で業務の進行状況やトラブルの発生事案などの情報をどう共有
し合っていくか、という話であり、外部に対しての「情報公開」とは全
く別の話です。

　あるいは「昇進後、管理職としてどう取り組むか」を聞いているのに、
「私は今までこういうことに頑張りました」と、過去の実績を書いている
ケースです。この出題の場合は「昇進後」のことを聞いているのですか
ら、「これからやろうとしていること」を書かなければなりません。実

は、このような失敗答案は山のようにあります。**まずは、出題で問われたことから外れないようにしてください。**

　次に字数の配分について考えます。この出題では、

「職場での情報共有の重要性について指摘する」

「このことに管理職としてどう取り組むか」

　この二点に答えるわけですが、**字数配分としては、大事なところに多めに割きます。**上級職になるための試験ですから、普通に考えれば「管理職として今後何をするのか」の方が大事です。そちらに字数を多く積みます。そして最後に簡単なまとめをつけます。以上のことから、答案の流れは、次のようになります。

下書き

「職場での情報共有の重要性について指摘」

- 職場での情報共有はこういう理由で大事だ…（時代背景や、社内の状況について触れる）

「そのために管理職としてどう取り組むか」

- 職場の情報共有を活発にするために、まず、私はこのようなことに取り組みたい…（具体的な方策を書く）
- 次に、このようなことにも取り組みたい…
- さらに、このようなことにも取り組みたい…

全体のまとめ

- 私は、以上のことを踏まえ、緊密に情報共有が行われる職場を実現したい…（答案全体のまとめを簡単につける。自分の意欲を示して終わるとよい）

　もちろん、出題が複雑になればこのような簡単な構成では済まなくなりますが、出題で問われていることを元に、答案に書く内容、順番、字数配分を考えていくということは、すべてに共通します。具体的にどのように書いていけば良いのかは、第2章以降で解説します。

取り組み内容は
必ず具体的に書く

　昇進試験の指導をする中で感じるのは、抽象的な答案が余りにも多いということです。

　例えば「係長として今後職場でどういうことに取り組むか」という問題が出たとして、「私は係長として、現場第一主義の精神によって職場のさまざまな課題を解決していきたい」などの抽象論で終わるケースがとても多いです。

　「現場第一主義の精神」とは具体的に何なのか、「職場のさまざまな課題」とは何を指すのか、こうした言葉だけで終わると採点者は全くイメージできません。これから職場のリーダーになるわけですから具体的な方法論が絶対に要ります。それを書けないと「この人は本当に管理職としてやっていけるのか」と、疑問符がつくことになります。

　本書では、第2章以降のすべての出題に解答例を添付しています。**この解答例に書いてあるようなことが「具体的な取り組み」といえる水準**です。ぜひ参考にしてください。

試験でよく聞かれる項目を
整理しておく

　とはいえ、試験会場ですぐに書く内容を思いつくのは難しいかもしれません。

　そこで、**よくある出題に対して、どんなことを書けばいいのかを考えておけば、当日対処がしやすくなります。**

　昇進試験で書くべき内容は、概ね次のような要素に集約されます。

1「問題の背景」

例えば、「働き方改革」がテーマであれば、なぜ働き方改革が求められているのか、それに取り組むことにどういう意味があるのか、といった問題の背景に関わる部分。

2「自分の組織・職場の問題点」

「働き方改革」がテーマであれば、自分の会社、役所などの組織全体を見たときに、働き方にどんな問題があるか。また自分の職場（課・係レベル）では、働き方にどんな問題があるか。

3「どのように取り組めば良いのか」

2で挙げたことに対して、組織全体として、あるいは課や係のレベルでは何をすべきなのか。

　出題テーマによって多少異なりますが、基本的には上記の三要素が良く聞かれます。従って、出題されやすいテーマについてはこれら三要素を整理しておくと良いです。

　本書では「資料なし」の問題については、第2章と第3章で、テーマごとに答案に書けそうな材料をあらかじめまとめています。

　ただし、職場の状況は、それぞれの組織、部署で全く違いますから、本書に書いてあることが当てはまらない場合もあるはずです。

　そこで、自分の組織・部署だったら、どんなことを書くべきなのか自分自身で書き込んで、材料を増やしてください。

　また、「資料あり」の出題の場合でも、結局問われていることは、「職場や自治体が抱える問題を解決するためにどうするのか」である場合がほとんどです。

　ですから、「③資料あり（職場の課題を書かせる）」の出題パターンの人も第2章をしっかりと読み、材料を書き込んでいくことが大事になります。同じ理由で「④資料あり（行政の抱える課題について書かせる）」の出題パターンの人は、第3章をしっかり学習します。

あらかじめ考えていた材料に固執しない

　ただし、ここで気をつけなければいけないのは、「自分があらかじめ用意しておいた材料に固執しない」ということです。

　先に、「出題と違うことを書いている答案があまりにも多い」と述べました。その理由の一つは、あらかじめ考えていた材料に固執して、無理矢理こじつけて書くからです。

　例えば、「職場内での情報共有をどうするか」について一生懸命書く材料を集めていたのに、本番では「外部に対しての情報公開への取り組み」が出題されたとします。すると、「外部に対しての情報公開は大事だが、その前提として職場内での情報共有を進めなければならない。私は職場内での情報共有をこのように進めていきたい…」などと、話をすり替えて書く人がいます。

　ここまで意図的でなくとも、気付かぬままに話をそらす答案は多いです。**これは絶対やってはいけない書き方です。**採点者は即座に見破ります。出題で問われていないことを書いても意味がないです。

　では、自分が準備していた材料が本番で出題されなかったら、努力が無駄になるのかというと、そうではありません。**様々なテーマについて「問題の背景」や「自分だったらどう取り組むか」を考える訓練を重ねることで、思考の手順が身につき、予期しないテーマが出てもアイディアが頭に浮かびやすくなります。**これが大事なのです。

　「どんな問題が出ても、これさえ書けば大丈夫」というような、魔法のような書き方は存在しません。本番で出た問題を十分に理解し、いかに正面から向き合って書けるかが鍵です。そのためには、事前に材料を集める作業を通して、**思考力を高めていくことが大事**なのです。

上司や先輩の助言は参考になるか

　結論から言うと、参考になる点と、注意した方が良い点があります。

　上司や先輩はその会社や職場のことはよく分かっているわけですから、答案に書いた職場の課題や解決策がその会社の実情に合っているか、という点については、誰よりも参考になるアドバイスをくれるでしょう。

　ただし、文章を書くプロではないので、小論文の書き方についての助言は注意が必要です。

　以前、私が指導したケースで、こんなことがありました。ある受講生に昇進試験の小論文の書き方を指導したところ、しばらくして、かなり良い答案を書けるようになりました。ところが、その答案を会社の上司や先輩に見せたところ、「論文とは、『起・承・転・結』の順番で書かれていなければならない。この答案はそうなっていない。全く駄目な答案だ。こんな答案では絶対に合格しない」と酷評されてしまいました。その受講生は「この書き方で大丈夫でしょうか」と不安になったのですが、私は「論文が『起・承・転・結』の順番でなければならない、などというルールはありませんよ。この書き方で大丈夫ですよ」とお伝えしました。その受講生は自信をもって試験に臨み、結果として高い評価を得て合格されました（採点は外部業者による）。

　もし、上司が答案を採点するのであればその意見に従った方が良いでしょうが、多くの場合、採点は外部業者に委託されていると思います。プロが答案を見る視点と、上司や先輩の視点は全く違います。

　もちろん、上司や先輩の中には、文章力においても素晴らしい能力を持つ人もいるでしょう。しかし、往々にして的外れな助言となることがあります。**小論文の書き方については、信頼できるプロの方のアドバイスを参考にしましょう。**

第2章

職場や
受験者本人のことを
書かせる出題
（資料なし）

学習を進めるにあたって

　第２章で扱う「職場や受験者本人のことを書かせる出題」は、昇進試験で最も一般的な出題です。出題のキーワードを深く理解して書くことが大事です。

　意味が分かりにくいテーマや誤解されやすいテーマについては、「**言葉の意味を確実に押さえる**」という項目を設け、**キーワードの意味を押さえる**ことから始めています。働き方改革、コンプライアンス、チャレンジ精神…「そんな言葉は調べなくても知っているよ」と言わずに、一度立ち止まって意味をよく考えてください。言葉の意味を考えずに答案を書いている人があまりにも多いのですから。

　「**このテーマについて書く上で考えておきたいこと**」では、予備知識として知っておきたいこと、学習する上で気をつけたいことなどを簡単にまとめています。

　「**答案作成へ向けての材料集め**」では、答案を書くときに使えそうな材料を提示しています。空欄部分は、自分自身で記入します。自分の職場の状況を踏まえ、考えられることを書き込んでください。

　「**失敗答案例**」では、ありがちな失敗例を示しています。

　「**答案の下書作成**」では、下書きを作る手順とその作成例を示しています。簡条書きで論点を整理すると、話が組み立てやすくなります。公務員や会社員、病院職員、学校職員など様々な想定で作成しています。

　「**解答例**」は、最終的に完成した答案の例を示しています。答案作成の際の参考にしてください。

　「**類題とその対応策について**」では、関連する出題の例と、その対処法を解説しています。

　この章は、すべての受験者にとって基本となる内容です。他のタイプの問題が出題される場合でも、ぜひ読んで、空欄に書き込んでください。

働き方改革の推進
（ワークライフバランス）

言葉の意味を確実に押さえる

「働き方改革」には様々な意味が含まれます。

職場での働き方の改革

- 労働時間を短縮すること。
- 有給休暇、育児休業、介護休業などが取りやすい環境を作ること。
- 短時間勤務制度、限定社員制度など、勤務制度を多様化すること。
- テレワークの推進、サテライトオフィスの導入など、働く場所の多様化を進めること。

社会構造から見た働き方の改革

- 正社員は長時間労働である一方、非正規雇用は仕事が保証されないという両極端な社会構造を変革すること。
- 生産人口が減少する中で、女性や高齢者が働きやすい環境を作り、新規の労働力を受け入れていくこと。

「ワークライフバランス」

直訳すれば「仕事と生活の調和」です。仕事だけに追われるのではなくて、家族と過ごすことや、趣味や自己啓発などの時間も大切にし、仕事と生活を調和させましょうとの趣旨です。「働き方改革」と重なる部分が多い言葉です。

このテーマについて書く上で考えておきたいこと

「日本人は働き過ぎ」ということが以前から言われてきました。夜遅くまで残って仕事をしたり、休日も出社して仕事に励んだり、そのよう

な働き方は、かつては美徳のように捉えられていた面もありましたが、様々な問題が明らかになってきました。例えば過労死、過労うつに代表されるように、心身を壊してしまう人がいること、子育て、介護などとの両立ができないこと、辞める人が後を絶たず人材が定着しないこと、などです。

　新型コロナウイルスの問題を契機に、在宅勤務やサテライトオフィスの活用、オンラインでの会議などが広がっています。これも一つの働き方改革です。このようなことを念頭に、自分の職場、組織では何が問題なのか、どう変えれば良いのかを考察します。

答案作成へ向けての材料集め
1　問題の背景に関わること
- 働き方改革は社会全体の流れ。全社挙げて取り組むべき課題。
- 社員が心身ともに健康に働ける環境を作ることが管理職の責務である。
- 魅力的な労働環境でなければ優秀な人材は集まらない、定着もしない。

2　自分の職場の問題点
例)「長時間労働が常態化し、深夜までの勤務や休日出勤が当たり前になっている。休暇を取りたくても取りづらい雰囲気がある」など。

> 自分の職場の問題点

3　取り組み内容の例

＊課長や係長などが個人でできること

- 職場の残業を減らし、定時退社を推奨する。そのために、無駄な業務を省いたり、会議などをやめたりする。連絡事項はメール等を活用する。週に一度、ノー残業デーを実施する。
- 遅くまで残っている社員には早めに帰宅するよう声かけする。業務の進め方に問題がないか検証し、仕事が早く終わるような助言を行う。
- 社員に有給休暇の計画的な取得を促す。繁忙期が一段落したら、まとまった休みを取るように呼びかける。
- 育児休業、介護休業が取得できるように、希望があれば早めに申し出るように伝える。希望者がいたら、代替要員の手配を行う。

＊組織として取り組む必要のあること

- 短時間勤務制度、フレックス勤務制度、限定正社員制度など、多様な勤務形態の導入。
- テレワークを推進し、出社を義務づけない。一方でメールやオンライン面談などで社員の業務をきちんと管理する。
- 働き方改革の成功事例について社内での共有。

そのほか、組織全体、または自分の職場で実践できそうな取り組み

×失敗答案例

　近年、働き方改革は官民一体となって進められている。この問題に取り組んでいくことは社会全体の流れであり、全庁で力を入れて取り組むべきことである。そもそも「日本人は働き過ぎ」ということが以前から言われており、改善に至っていない。働き過ぎは健康を害し、組織としても大きな損失に繋がるものである。特に近年は過労死や、過労うつなどが問題となっており、私たちにとっても他人事ではない。職員に働きがいのある職場を提供することは組織の使命である。私の考える職場の問題としては、まず、長時間労働が十分に改善されていない点が挙げられる。以前から定時退庁が呼びかけられているが、実行できている職員は少ない……

↑何が問題なのか？

　本題に入るまでが長いです。出題は「職場の問題点」と「それをどう解決するか」を聞いています。「私の考える…」以降が、「職場の問題点」について述べた「本題」ですが、これを早めに提示します。「前置き」が、長くなりすぎないようにします。

答案の下書き作成（公務員の例）

- 出題の指示を押さえる…「働き方改革に関してあなたの職場ではどのような問題点があるかを指摘」「昇進後、あなたは係長としてどのように解決していくか」この二つに答えることが答案の目的です。この

点を押さえます。

- 答案の考え方…このような出題の場合、二通りの解答の仕方があります。一つ目は、問題点を先にまとめて、あとから解決策を書くやり方です。この場合は、次のようになります。

> 問題点の一つ目はこうだ…
> 問題点の二つ目はこうだ…

> 解決策の一つ目はこうだ…
> 解決策の二つ目はこうだ…

もう一つの書き方は、問題点と解決策を同じ段落にセットにして書くやり方です。

> 問題点の一つ目はこうだ…
> それに対しての解決策はこうだ…

> 問題点の二つ目はこうだ…
> それに対しての解決策はこうだ…

どちらのやり方でも書くことができます。以下では、問題点を前半にまとめて、解決策は後半にまとめて書くやり方を示します。なお、同じ段落にセットにして書くやり方は「部署内外の連携推進」「業務・組織・職場の課題」の項目で示します。

下書き ⋯⋯⋯⋯⋯⋯⋯⋯⋯⋯⋯⋯⋯⋯⋯⋯⋯⋯⋯⋯⋯⋯⋯

問題点の指摘

○一つ目、長時間労働が十分に改善されていない。

• 定時退庁が呼びかけられているが、多くの職員が遅くまで残業している。

• 業務の効率化、生産性の向上の面から問題。

○二つ目、有給休暇の取得率が低く、５割以下。

• 休暇取得はモチベーションアップに繋る。取得推進が求められる。

取り組みの内容

○一つ目、仕事のやり方を見直す。

• 会議は原則として無くし、メールでの報告、連絡に切り替え。短時間で終わる工夫をする。

• アイディアを募って、業務のやり方全般を見直す。

• 遅くまで残っている職員には声かけをし、改善へ向け助言。

○二つ目、休暇を取りやすい職場の実現。

• 職員の話→休暇を取りづらい雰囲気が存在。

• 計画的に有給休暇を取得するように呼びかけ。

• 特に繁忙期の後や、大きなプロジェクトの後にはまとめて取得。

• 休んだ人のカバー態勢作り。

まとめ

• 働き方改革は生産性の向上、職員の意欲向上に繋がる。

• 係長として職員が働きやすい職場を実現したい。

⋯⋯⋯⋯⋯⋯⋯⋯⋯⋯⋯⋯⋯⋯⋯⋯⋯⋯⋯⋯⋯⋯⋯⋯⋯⋯⋯⋯

解答例

　働き方改革は全庁的に進められている重要な取り組みであるが、私の職場では次の二点が問題点としてある。

　一つ目は、長時間労働が十分に改善されていない点である。以前から定時退庁が呼びかけられているが、実行できている職員は少ない。未だ多くの職員が遅くまで残業をしている現状がある。仕事を時間内に終わらせることは、業務の効率化、生産性の向上にも繋がることである。

　二つ目として、有給休暇の取得率が低いことである。私の職場では、職員からの申し出が少なく、5割以下の取得率となっている。休暇をとってリフレッシュすることは、仕事へのモチベーションアップにも繋がる。職員に充実感を持って働いてもらうためにも休暇の取得推進が求められる。これらの問題点を解決するために、私は係長として以下のことに取り組んでいきたい。

　まず、長時間労働を減らすため、仕事のやり方を見直していく。現在職場では、業務報告会、定例ミーティングなど、会議に一定の時間が割かれており、職員の時間が拘束されている。そこで、これらの会議は原則として無くし、メールでの報告、連絡に切り替える。もちろん、場合によっては会議が必要となることもあるが、その時は、終わりの時間を決めて要点のみを伝える、資料は事前にメールで配布し読み込んでもらった上で開催するなど、短時間で終わる工夫をしたい。このほか、廃止できる業務や、効率化できる業務などのアイディアを職員から募り、業務のやり方全般を見直していく。また、連日遅くまで残っている職員に対しては声かけをし、業務の進め方に問題がないかを検証して、改善へ向け助言していく。

　次に、休暇を取りやすい職場を実現したい。職員に話を聞くと「休暇を取りたくても、周りの目が気になる」「自分だけが休むようで気が引ける」と言った声を多く耳にする。職場には未だ、休暇を取りづらい雰囲気が存在する。このような状況を払拭したい。そこで、係長として、各

自で仕事の都合などを勘案しながら、計画的に有給休暇を取得するように呼びかけていく。特に繁忙期が終わった後や、大きなプロジェクトをやり遂げた後などにはまとめて取得するように勧めたい。同時に、一時的に休んでも全員で仕事をカバーできる態勢を作り、安心して休んでもらえるようにしたい。

　働き方改革は生産性の向上、職員の意欲向上など、様々な面で良い効果をもたらす。私は係長として以上のことに積極的に取り組み、職員が働きやすい職場を実現したい。

類題とその対応策について

　「職場で働き方改革をどう進めるか」のように、職場内の範囲で聞く出題もあれば、「全社的な働き方改革についての課題」といったように、組織全体について聞く場合もあります。後者の場合は、例えばフレックス勤務制度、短時間勤務制度の導入など、組織全体に関わる大きな話について触れることができます。特段範囲の指示がなく「働き方改革をどう進めるか」という指示であれば、管理職として職場でどう取り組むかを書いた方が良いでしょう。

　また「働きやすい職場をどう作るか」といった出題もあります。この場合は「働き方」に限らず、職場内のコミュニケーションを活発にする、セクハラを防止するなど、広めに捉えて書いて良いです。

人材の育成

このテーマについて書く上で考えておきたいこと

　組織の維持・発展のため、人材育成は生産活動や営業活動と同じくら
い重要です。若手のうちは自分の業績だけ上げていればそれで済みます
が、主任、係長、課長と立場が上がってくると、それでは通用しなくな
ります。現場のリーダーにとって、人材育成は、仕事の大きな柱の一つ
です。年齢層で考えれば、若手の育成、中堅クラスの能力開発、ベテラ
ンのノウハウ継承、などが挙げられます。手法で考えれば、OJT、研修
の実施、目標の設定と検証などが挙げられます。自部署の状況に合わせ
て取り組みを考えていきます。

答案作成へ向けての材料集め

1　問題の背景に関わること

- 人材育成は組織の維持・発展のため大変重要な要素。
- 競争が激しくなる中、優秀な人材を育て、さらなる成長を続けていく
  必要がある。
- 管理職は現場のリーダーとして、責任を持って人材育成にあたらなけ
  ればならない。

2　自分の職場の問題点

例）「若手の育成に手が回らない状況がある。ベテランのノウハウが継
承できていない」など。

> 自分の職場の問題点

3　取り組み内容の例

- 部署内での研修の実施。

例）成果のあった営業手法、失敗事例を発表し合い、分析する。事例研究を通してスキルアップに繋げる。

- 早い段階から、現場で積極的に経験を積ませて育てていく。
- 各自に目標を設定させて、取り組ませる。目標の達成に向け管理職として適宜助言、指導をし、フォローしていく。
- 定期的に面談を実施する。仕事の配分、進め方で困っている点はないか、将来進みたい業務分野は何かなどを聞き取り、今後の指導に活かしていく。
- 本人の意向に沿ったキャリア形成を行う。

例）将来進みたい分野の専門性が育つように、仕事の割り当てを考えたり、社内の研修に参加させたりする。業務に役立つ資格取得の奨励。

> そのほか、自分の職場で実践できそうな取り組み

例題

昇進後、あなたは管理職としてどのように人材育成に取り組んでいくか、考えを述べなさい。（80分、1000字程度）

×失敗答案例

　組織は人の集合体であり、人材育成は企業経営の要である。管理職は現場のリーダーとして各人の特性を理解しながら、社員の能力や経験値を高めていかなければならない。これを踏まえ、昇進後、私は人材育成のために、次のようなことに取り組んでいきたい。

　一つ目として、部署内での研修を実施することである。若手の能力、モチベーションが高まるチャレンジングな研修を開催し、各人の能力開発を積極的に進めていきたい。研修実施に当たっては私自身主導的な役割を果たし、その実現へ向け取り組んでいきたい。効果のあった研修は内容にアレンジを加えながら毎年開催する。

　二つ目として……

↑何が問題なのか？

　取り組みの具体性がないということに尽きます。「若手の能力、モチベーションが高まるチャレンジングな研修」「各人の積極的な能力開発を進め」「私自身主導的な役割を果たしていく」とありますが、そのために具体的に何をどうするのですか？それこそが問われているのです。上記の例に限らず、昇進試験では「風通しの良い職場を作っていきたい」「活力のある職場を実現する」など、曖昧な言葉だけで済ませる人が非常に多いです。中身を具体的に書いた上で、まとめとしてこういう言葉を使うなら分かりますが、それだけで終わってはいけないのです。管理職は職場のリーダーとして、具体的に実践していかなければならないのです。取り組みを書くときは、「そのためには具体的にどうするのか？」という

ことを、常に意識してください。読み手の目に浮かぶように書くことが大事です。決して抽象的な言葉で逃げないようにしてください。具体的な内容が思いつかないということは、自分自身が理解できていないということを意味します。

答案の下書き作成（民間企業の例）

- 出題の指示を押さえる…「昇進後、あなたは管理職としてどのように人材育成に取り組んでいくか」、ここに焦点を当てて解答します。
- 答案の考え方…問われていることは「どのように人材育成に取り組んでいくか」の一点ですが、このような出題の場合はいきなり取り組みから書き始めると唐突になります。そこで、冒頭の段落で人材育成の意義などについて簡単に押さえた後、取り組みを書いていくと良いです。

 下書き ⋯⋯⋯⋯⋯⋯⋯⋯⋯⋯⋯⋯⋯⋯⋯⋯⋯⋯⋯⋯⋯⋯⋯

人材育成の意義、部署の課題

- 人材育成は企業経営の要。
- 管理職は社員の能力や経験値を高めていかなければならない。
- 所属する部署では若手の社員が多く、その育成が大きな課題

取り組みの内容

○一つ目、研修体制を充実させる。
- 現在は配属時OJTのみ→年間3回程度の研修
具体例）若手社員と、中堅クラスに参加してもらい、成功・失敗事例を分析。また、ロール・プレイングの手法による営業手法の習得。（＊これくらい具体的な話を盛り込まなければいけない！）
○二つ目に、目標に対してのフォロー体制の強化。
- 現在は各自の裁量に任される→このやり方を変え、遅れが見られる者には問題点の洗い出し、解決へ向けての助言。

- 最終的には自分の力で目標を達成できるようにする。
○三つ目に、それぞれの希望を踏まえたキャリア形成。
- まず定期的な面談を実施して、本人の希望を聞く。
- その上で本人の希望が叶うような、仕事の割り当て、社内の研修等への参加。

まとめ

- 優秀な人材の育成は管理職の責務。意欲、能力の高い人材を育てていきたい。

解答例

　組織は人の集合体であり、人材育成は企業経営の要である。管理職は現場のリーダーとして各人の特性を理解しながら、社員の能力や経験値を高めていかなければならない。特に、私の所属する営業課では若手の社員が多く、その育成が大きな課題となっている。こうしたことを踏まえ、昇進後、私は人材育成のために、次のようなことに取り組んでいきたい。

　一つ目として、部署内での研修体制を充実させることである。現在私の部署では、配属時に簡単なOJTを行っているだけであるが、若手の中には営業力が不十分な者もおり、継続的なフォローアップが必要である。そこで年間3回程度の研修を行い、社員の営業能力を高めていきたい。研修では、若手社員と、実力のある中堅クラスに参加してもらい、営業手法の研究を行う。高い成果を挙げた営業手法、失敗した事例を発表しあい、何が成否を分けたのか分析をする。また、ロール・プレイングの手法を用いて、現場での営業を実演させて問題点を分析し、効果的な営業手法の習得に繋げたい。

　二つ目に、設定した目標に対してのフォロー体制の強化である。現在

第2章

営業スタッフには各自の目標が与えられているが、その遂行は本人の裁量に任されている。しかし、若手の場合、目標に対してどうアプローチすれば良いのか、きめ細かい指導をしなければ高い成長は望めない。そこで、年度目標の進捗状況を見ながら、遅れが見られる者に対してはこまめな声かけを行い、問題点の洗い出し、解決へ向けての助言などを積極的に行っていく。必要なタイミングでのフォローを繰り返し、最終的には自分の力で目標を達成できるように成長させていきたい。

　三つ目に、それぞれの希望を踏まえたキャリア形成である。各人が将来専門としたい業務分野はそれぞれに異なる。そこで、定期的な面談を実施して、本人の希望をじっくりと聞き、その実現に向けて、管理職として行動していく。例えば法人営業を専門にしたいと考えている者には、本人の適性も踏まえながら、法人の仕事を担当させる機会を多く作っていく。さらに、法人営業に関する社内の勉強会等に積極的に参加させるなど、本人の意向を踏まえたキャリア形成を行っていきたい。

　優秀な人材の育成は管理職の責務である。私は以上のことに積極的に取り組み、意欲、能力の高い人材を育てていきたい。

類題とその対応策について

　「人材育成にどう取り組むか」という全体的な出題もあれば、「若手の育成にどう取り組むか」「ベテランから若手へのノウハウ継承をどう進めるか」など、ポイントを絞った出題もあります。出題の意図を把握し、それに沿って書くようにします。

コンプライアンス意識の向上

言葉の意味を確実に押さえる

「コンプライアンス」とは「法令遵守」の意味です。「法令」とは、狭い意味では法律や行政命令などのことですが、「コンプライアンス」では、社内規定や、社会道徳、倫理なども含めて、広めに捉えることが一般的になっています。このような有形無形の規範を守って、社員、職員としてあるべき行動を取る意識が「コンプライアンス意識」です。

このテーマについて書く上で考えておきたいこと

不正な会計処理、ずさんな個人情報の管理、セクハラ・パワハラの被害、安全に関わるデータの改ざん、不正事実の隠蔽など、コンプライアンスに関わる事象は繰り返し報道されています。どの業界、どの職場でも起こりうることであり、一度対策を取ったからもう大丈夫というものでもありません。管理者、職場のリーダーとしての継続的な取り組み、意識付けが求められます。ひとたびコンプライアンス違反が発生すれば、事の次第によってはメディアでも報じられ、顧客離れ、後始末に膨大な手間と時間を割かれるなど、大きな損失となります。そうならないために、現場のリーダーとして何をすべきか、具体的な方策を書きます。

答案作成へ向けての材料集め

1 問題の背景に関わること

- 個人情報の流出、不正な会計処理など、コンプライアンスに関わる様々な事案が報道され、社会でも大きな関心事になっている
- ブランドイメージの低下、顧客離れなど、コンプライアンス違反によって官庁、企業として大きな損失を被る
- 飲酒運転の罰則強化など、不正を厳しく処罰すべきとの風潮が強まっ

ている。

2 自分の職場の問題点

例）「当社においても、2年前に大規模な個人情報の流出事案が発生し、大きな問題となった。社員のコンプライアンスへの意識が低い」など。

> 自分の職場の問題点

3 取り組み内容の例

- 個人情報流出防止のため、職場のUSB、パソコンを持ち出し禁止とする。また、慣れや気の緩みが生じないように繰り返しルールの遵守を伝える。
- 金銭類を扱う仕事は、同じ人にずっと任せない、二人一組での確認、第三者による定期的なチェックなど、不正が起きにくい工夫をする。
- コンプライアンスに関する研修を実施する。過去に問題となった事例の紹介、どこからがセクハラにあたるのか、などグレーゾーンを明確にする。コンプライアンス違反への罰則が強化されていることを伝える。
- 朝礼、定例ミーティングなどを通しての呼びかけ。忘年会シーズンなど飲酒運転やセクハラが発生しやすい時期は、気を引き締めるように伝える。
- 職場のスタッフの言動をよく観察して、不安そうな表情をしていたり、不審な動きがあったりした場合は、声をかけて確かめる。
- 相談窓口を周知する。何か問題があった場合に、職場の誰に相談すれば良いのかスタッフに伝える。
- 日常的にこまめな声かけを心がけて、相談しやすい雰囲気を作る。

そのほか、自分の職場で実践できそうな取り組み

> **例題**
> **職場でのコンプライアンス推進が強く求められています。あなたは、管理職としてこのことにどのように取り組むか、考えを述べてください。**
> **（80分、1000字程度）**

×失敗答案例

　コンプライアンスに関わる問題としては、代表的なものに個人情報の不適切な取り扱いがある。万一情報の流出が起きれば、市民からの信頼は失墜し、市政への協力は得られなくなる。当市においても、ヒヤリ・ハット事例が起きている。管理職として、個人情報についての職員一人ひとりの意識を高めていくことが求められる。そのために私は次のようなことに取り組んでいきたい。

　一つ目に、違反を起こさないためのルール遵守の徹底である。庁内には個人情報流出防止のため、職場のパソコンや USB を持ち出すときは上司の許可を得ること、個人情報の載った紙を廃棄する際にはシュレッダーにかけること、などの規則が定められている。私は課内でのミーティングの場を通して、改めてルールの徹底を伝えるとともに、守っていない課員を見かけたらその場で改めるよう指導をしていく。

　二つ目に、課員を対象にした研修を開きたい。研修では個人情報の流

出の事例を紹介し、どの部署でも起こりうる問題であることを知ってもらう。この他、流出が起こった場合の市役所への信頼や業務に与える影響、違反した場合の処分例などを示し、職員の意識を高めていきたい……

↑何が問題なのか？

　コンプライアンスの問題は個人情報の流出に限らず、セクハラやパワハラの問題など様々あります。この答案では話を個人情報流出防止に絞り込んでしまっており、視野が狭いです。他の問題にも話を広げて書いた方が良いです。

答案の下書き作成（公務員の例）

- 出題の指示を押さえる…「コンプライアンス推進に、管理職としてどのように取り組むか」、これに答えることが目的です。
- 答案の考え方…コンプライアンス推進の意義について簡潔に指摘した後、取り組み内容を詳しく書いていくという流れにします。

下書き …………………………………………………………………

コンプライアンス推進の意義

- コンプライアンス違反（個人情報の不適切な取り扱い、セクハラ・パワハラ、飲酒運転など）がひとたび発生すると、市民からの信頼は失墜する。
- 庁内でもヒヤリ・ハット事例が発生
- 管理職として、職員の意識を高めていくことが求められる。

取り組みの内容

〇一つ目、ルール遵守の徹底。

- 職場のパソコンやUSBを持ち出すとき、個人情報の載った紙を廃棄する際などの規則が守られていない。
- ミーティングでルールの徹底を伝える。違反を見かけたらその場での

指導。個人情報取り扱いに関するルールを掲示。

〇二つ目、コンプライアンス研修の開催。

• コンプライアンス違反事例の紹介。特に、セクハラやパワハラについては具体的な事例を示す。

• コンプライアンス違反が市役所に与える影響や、違反した場合の処分例などを示す。

〇三つ目、相談しやすい環境作り。

• 素早い対応が、解決への鍵。

• 「職場で気になったことは、何でも私に相談してほしい」と伝える。

• 内部通報受付け窓口の掲示。

• 日頃から課員と十分なコミュニケーションを取る。

まとめ

• 管理職としてコンプライアンス意識の高い職場を実現する。

解答例

　職場でのコンプライアンス推進は大変重要である。コンプライアンスに関わる問題としては、個人情報の不適切な取り扱い、セクハラ・パワハラ、飲酒運転など様々なものがあるが、こうした問題がひとたび発生すれば、市民からの信頼は失墜し、市政への協力は得られなくなる。当市においても、実際に個人情報の管理についてヒヤリ・ハット事例が起きている。管理職として、職員一人ひとりの意識を高めていくことが求められる。そのために私は次のようなことに取り組んでいきたい。

　一つ目に、違反を起こさないためのルール遵守の徹底である。庁内には個人情報流出防止のため、職場のパソコンや USB を持ち出すときは上司の許可を得ること、個人情報の載った紙を廃棄する際にはシュレッダーにかけること、などの規則が定められている。しかし、慣れや気の緩

第2章

41

みから守られていない事例が散見される。私は課内でのミーティングを通して、改めてルールの徹底を伝えるとともに、守っていない課員を見かけたらその場で改めるよう指導をしていく。また、課内の見やすい場所に個人情報取り扱いに関するルールを掲示し意識を高めていきたい。

　二つ目に、課員を対象にしたコンプライアンス研修を開きたい。研修では個人情報の流出、セクハラ・パワハラ被害、飲酒運転での検挙など過去にあったコンプライアンス違反の事例を紹介し、どの部署でも起こりうる問題であることを知ってもらう。特に、セクハラやパワハラは線引きが曖昧であるため、具体的な事例を示してどのような行為が問題なのかを理解させる。この他、コンプライアンス違反が市役所への信頼や業務に与える影響、違反した場合の処分例などを示し、職員の意識を高めていきたい。

　三つ目として、相談しやすい環境を作ることである。何か問題が起きても各自が素早く報告して対応すれば、解決できる場合がある。逆に、問題に気付きながら誰にも相談できずにいると、事態が悪化していく。そこで、普段から「職場で気になったことは、何でも私に相談してほしい」と課員に伝えていく。また、内部通報受付け窓口の電話番号もわかりやすい場所に掲示しておく。さらに、課内で相談しやすい雰囲気を作るために、日頃から課員へのこまめな声かけを行い、日常会話も含めた十分なコミュニケーションを取っていく。

　コンプライアンス推進は、管理職の大きな役割の一つである。私は以上のことに積極的に取り組み、コンプライアンス意識の高い職場を実現したい。

....

類題とその対応策について

　類題として「個人情報流出防止にどう取り組むか」「セクハラやパワハラの防止にどう取り組むか」などテーマを絞って聞くものがあります。その場合は、それぞれのテーマに話を絞り込んで詳しく書いていきます。

チャレンジ精神の育成

言葉の意味を確実に押さえる

　「チャレンジ精神」とは、「新しいこと」や「難易度の高いこと」に挑む気持ちです。こういう出題に対して、誰でもできることを例に挙げて答案を書く人がいますが、それでは「チャレンジ精神」にはなりません。言葉の意味をよく考えて書くようにします。

このテーマについて書く上で考えておきたいこと

　どのような組織も、時間が経てば慣れや惰性が生まれ、停滞していきます。一方で、時代背景、市場環境、競合他社の状況、顧客や住民のニーズなどは絶え間なく変化していきます。それに合わせて、組織としてもチャレンジを続けていかなければ株主、消費者、納税者などから見放されることとなります。民間企業の社員であれば新しい製品や営業手法の導入、公務員であれば新たな政策の提案、教員であれば新しい指導法の試行、病院職員であれば患者の視点に立ったサービスの導入等です。

　また、単に新しいことへの挑戦だけでなく、難しい業務に挑むこともチャレンジ精神です。若手に難しい仕事に敢えて挑戦させて成長させることもチャレンジ精神の育成と関わります。自分の業務の中でどのようなことが当てはまるか考えておきます。

答案作成へ向けての材料集め

1　問題の背景に関わること

- 時代や市場環境が急激に変化する中、組織として常にチャレンジをし、成長し続けていく必要がある。
- 社員、職員として成長するためには、敢えて難しい仕事に挑戦する必要がある。

- チャレンジ精神のある職場は、士気が高く、大きな成果を生む。
- 管理職は職場のリーダーとして、社員のチャレンジ精神を高め、組織を活性化していく役割が求められる。

2 自分の職場の問題点

例）「業務の改善や、新商品などを提案する意欲が低い。若手が難しい仕事に自分から手を挙げない」など。

自分の職場の問題点

3 取り組み内容の例

- 新商品の企画、新しい政策案、職場の業務改善などを積極的に出すように呼びかける。また、そのような案を出し合い検討するミーティングを企画する。
- 高めの目標を立てて、挑戦させる。管理職として遂行をフォローし、達成したときの喜びを味わわせる。
- 積極的にチャレンジした者を、ミーティングや朝礼の場で褒める。上長に対しても、頑張っていることを伝える。
- 管理職として、自分自身が難しいことにチャレンジし、部下にその姿勢を見せる。
- 人事考課をつける際、多少失敗してもチャレンジした者を前向きに評価する。

そのほか、自分の職場で実践できそうな取り組み

例題

部下のチャレンジ精神を育成するために、あなたは課長としてどのように取り組んでいくか、考えを論じなさい。（80分、1000字程度）

×失敗答案例

　人口減による国内市場の縮小、不況による消費者の買い控えなど、市場環境は厳しさを増している。このような時代にあっては、社員一人ひとりが現状を打破する気概を持ち、困難な仕事にも果敢に挑む姿勢が求められる。例えば、次のようなことが大切だ。

　一つ目として、社員が新しいことに挑戦する場があれば良い。具体的には、定期的に提案会が開かれていて、社員に新規の事業提案や業務改善などのアイディアを求める場があると良い。会議では全員が提案を持ち寄り、他の人の提案について自由に発言できると理想的だ。良質なアイディアについてはすぐに実行に移し、社員のチャレンジ精神が活きる職場になるとよい。

　二つ目に…

↑何が問題なのか？

　全体として、自分が中心になって取り組むという姿勢が見えないで

す。出題で求められていることは「あなたは課長としてどのように取り組んでいくか」です。「あれば良い」など、他人事のような書き方ではなく「私は、次のことに取り組んでいく」「…こういう職場にしていく」など、「私がやるのだ」、というトーンで書きます。

答案の下書き作成（民間企業の例）

- 出題の指示を押さえる…「部下のチャレンジ精神を育成するために、課長としてどのように取り組んでいくか」、このことに正面から答えます。
- 答案の考え方…冒頭の段落でチャレンジ精神が求められている背景に触れた後、取り組みを書いていきます。

下書き

問題の背景

- 市場環境や企業間の競争が厳しさを増している。
- 現状を打破する気概、困難な仕事にも果敢に挑む姿勢が求められる。
- 課長としてチャレンジする部下を育てていかなければならない。

取り組みの内容

○一つ目として、社員が新しいことに挑戦する場を作る。

- 提案会を開催。提案を持ち寄り、どうすればその案が実現するか意見を出させる。
- 良質なアイディアについてはすぐに実行。

○二つ目として、目標を立てて取り組ませる。

- 本人の経験に対して、ややハードルの高い目標を立てさせる。
- 目標を立てたあとのフォローも行う。
- 自信と達成感を持たせ、新しい挑戦へと繋げていく。

○三つ目として、挑戦した者を前向きに評価する。

- 人事考課の際は、多少の失敗はあっても積極的に挑戦した者を評価。

- 新しい提案や前向きな挑戦をした者を、朝礼などの場で褒める。

まとめ

- チャレンジ精神は企業の活力の泉源。私はチャレンジ精神溢れる職場を実現したい。

 解答例 ·········

　人口減少による国内市場の縮小、長引く不況による消費者の買い控えなど、当社を取り巻く環境は厳しさを増している。一方で来年には外国企業が市場に参入することが見込まれており、企業間の競争は一段と激化することが予想される。このような時代にあっては、社員一人ひとりが現状を打破する気概を持ち、困難な仕事にも果敢に挑む姿勢が求められる。課長は職場のリーダーとして、物事に積極的にチャレンジする部下を育てていかなければならない。こうしたことを踏まえ、私は次のようなことに取り組んでいきたい。

　一つ目として、社員が新しいことに挑戦する場を作ることである。具体的には、月に２回、提案会を開催し、社員に新規の事業提案や業務改善などのアイディアを求めていく。会議では全員が提案を持ち寄り、他の人の提案について自由に発言できるものとする。その際、実現できない理由を挙げていくのではなく、どうすればその案が実現するかという方向で意見を出させていく。良質なアイディアについてはすぐに実行に移し、社員のチャレンジ精神が活きる職場にしていく。

　二つ目として、目標を立てて社員に取り組ませていく。この時大切なのは、本人の経験に対して、ややハードルの高い目標を立てさせることである。ハードルを乗り越え、達成感や成功体験を積むことで積極性が生まれてくる。目標を立てたあとのフォローも欠かせない。管理職として、業務の進捗状況を把握し、必要に応じて指導、助言しながら成功に

導いていく。最終的に、困難な仕事をやり遂げたという自信と達成感を持たせ、新しい挑戦へと繋げていく。

　三つ目として、挑戦した者を前向きに評価することである。人事考課の際は、何もせず失敗もなかった者よりも、多少の失敗はあっても積極的に挑戦した者を評価していきたい。また、そのような評価基準で考課を行うことを部下にも伝えておく。さらに、ちょっとしたことであっても新しい提案や前向きな挑戦をした者を、朝礼などの場で褒めていく。日常的に、チャレンジした者が評価される職場を作っていきたい。

　チャレンジ精神は企業の活力の泉源である。私は以上のことに取り組み、チャレンジ精神溢れる職場を実現したい。

類題とその対応策について

　「社員のモチベーションアップにどう取り組むか」「マンネリをどう打破していくか」といった出題がよくあります。聞き方の違いはありますが、要は、いかに社員のやる気を引き出すかということですので、基本的な考え方は上記の答案と同じです。

住民や利用者へのサービス・満足度の向上

言葉の意味を確実に押さえる

　「サービス・満足度の向上」には、提供するサービスそのものをよくする、オンライン化で手続きを簡単にする、といった実質的なことから、窓口での受け答えの仕方、表情など「応対の仕方」も含まれます。これらをいかに良くしていくかが問われています。

このテーマについて書く上で考えておきたいこと

　このテーマがよく出題されるのは、公務員や病院職員の昇進試験です。民間企業では、あまり見かけません。待ち時間が長い、各種申請のオンライン化が進んでいない、申請から結果が出るまで時間がかかる、といったことに利用者が不満を感じることがあります。住民の立場、患者の立場に立って、いかにサービスを向上させていくか、いかに利用者に満足してもらえるかを考えます。

答案作成へ向けての材料集め

1　問題の背景に関わること

- 住民のニーズが多様化する中で、時代に合ったサービスを提供することが求められる。
- いわゆる「お役所仕事」という言葉に示されるように、公的機関のサービスは必ずしも利用者の立場に立ったものとは言えない面がある。
- 市場原理が働かないため、改善しようという意識に乏しい。
- 病院内は常に繁忙であり、接遇面まで気が回らないことがある。
- 病院も口コミサイトなどで常に利用者から比較されており、サービス向上に努めていく必要がある。

2　自分の職場の問題点

例）「待ち時間が長く、いつも長蛇の列ができている。民間では当たり前とされている笑顔での対応、迅速な事務処理などがなされていない」など。

> 自分の職場の問題点

3　取り組み内容の例

- 役所や図書館、市民ホール、病院などで利用者向けのアンケート調査を実施する。また、ご意見箱などを設置しいつでも意見が述べられるようにする。要望の多いサービスの導入、不満が寄せられた点の改善策を検討する。
- スタッフ全員が名札を着用し、利用者への対応に責任感を持たせる。
- 定期的な満足度調査を実施し、どのように利用者の満足度が変化しているか調べる。
- 接遇に関しての研修を実施する。民間の講師を呼んで窓口対応の仕方などを指導してもらう。
- 一カ所で手続きが済む、ワンストップサービスの導入。
- 各種申請業務、支払い業務などのオンライン化を進め、利便性を高めていく。

> そのほか、自分の職場で実践できそうな取り組み

例題

住民に対してのサービスを高めていくために、あなたは職場でどのように取り組むか、考えを述べなさい。（80分、1000字程度）

×失敗答案例

　近年、住民のニーズは益々多様化している。行政としてニーズを掴み、時代に合ったサービスを提供していくことが求められる。こうしたことを踏まえ、私は管理職として、住民サービスの向上のために、次のようなことに取り組んでいきたい。

　まず、市の施設に対しての住民アンケートを行いたい。アンケートは全住民を対象にしたものとする。次に、体育館等の施設の入り口に「ご意見箱」等を設けたり、施設のウェブサイト上に投稿フォームを設けることにも取り組みたい。さらに、接遇面の取り組みも大事だ。そこで、職場で接遇向上の研修を開催したい……

↑何が問題なのか？

　取り組みが、「住民アンケートを行いたい」「ご意見箱・投稿フォームを設けることにも取り組みたい」「職場で接遇向上の研修を開催したい」と、単なる羅列で終わっています。一つ一つの取り組みについて、「なぜ

その取り組みが必要か」「具体的に何をやるのか」「その結果どんな効果があるのか」などを説明しながら書きます。

　例えば「住民アンケート」であれば、「アンケートを実施するに当たっては、施設の開館時間や提供サービスの内容について、住民がどのような意向、不満をもっているのかを詳しく調べる」など、アンケートのもう少し具体的な内容を書き添えます。また、「アンケート調査で得た結果を分析し、住民ニーズの高いものから実行に移していく」など、その結果どうなるのか、という部分を補います。

答案の下書き作成（公務員の例）

- 出題の指示を押さえる…「住民に対してのサービスを高めていくために、あなたは職場でどのように取り組むか」、ここに正面から答えます。
- 答案の考え方…冒頭の段落で、住民サービスを高めなければならない背景を指摘した後、第二段落以降で、具体的な方策を考えます。「職場で……どのように取り組むか」という聞き方をしていることから、自分の職場の具体的な事例を挙げながら書いていきます。

下書き ·······································

問題の背景

- 住民のニーズは益々多様化している。
- ニーズを掴み、時代に合ったサービスを提供していくことが求められる。
- 窓口応対は、市役所の印象や信頼感に直結する。職員が市役所を代表する意識を持つべき。

取り組みの内容

○一つ目、住民のニーズの分析と、それを踏まえたサービス提供。
- 住民アンケートを行う。施設の開館時間や提供サービスについて住民の意向を調べる。結果を分析し改善する。

- 「ご意見箱」、投稿フォームを設ける。職員が回答して施設内やサイト内に掲示。

○二つ目、接遇面の向上。窓口での応対や言葉遣い、身だしなみ等への批判。

- 市役所を代表して住民に応対しているという意識を持つべき。
- 接遇向上の研修を開催。研修では民間の講師に指導をしてもらう。
- 応対場面を実演してもらいながら、参加者で意見を述べ合う。

まとめ

- よりよいサービス提供は、役所の責務。住民サービスの向上に力を尽くしたい。

解答例

　近年、住民のニーズは益々多様化している。行政としてニーズを掴み、時代に合ったサービスを提供していくことが求められる。また、窓口などで住民が職員から受ける応対は、市役所の印象や信頼感に直結する。一人ひとりの職員が市役所を代表する意識を持って応対しなければならない。こうしたことを踏まえ、私は管理職として、住民へのサービスを高めていくために、次のようなことに取り組んでいきたい。

　まず、住民のニーズの分析とそれを踏まえたサービスの提供である。私は施設管理課で業務にあたっているが、住民からは、市立体育館の開館時間の延長などについて要望が寄せられている。このようなニーズに応えていくために、市の施設に対しての住民アンケートを行いたい。開館時間や提供サービスの内容について、住民がどのような意向、不満をもっているのかを詳しく調べたい。調査で得た結果を分析し、住民のニーズの高いものから実行に移していく。また、体育館等の施設の入り口に「ご意見箱」を設けたり、施設のウェブサイト上に投稿フォームを設

けたりして、日常的に利用者が意見を述べられるような仕組みを作りたい。ここで寄せられた意見については、職員が回答して施設内やサイト内に掲示し、サービス向上に活かしていく。

次に、接遇面の向上である。市役所に寄せられる意見の中には、窓口での応対や言葉遣い、身だしなみ等を批判するものが散見される。最近はSNSが発達しており、職員が不適切な応対をすると、すぐに悪いイメージが拡散されてしまう。一人ひとりの職員が、市役所を代表して住民に応対しているという意識を持たなければならない。そこで、職場で接遇向上の研修を開催したい。研修では民間の講師を呼んで、言葉遣い、姿勢、身だしなみなどについて指導をしてもらう。また、各職員に住民との応対場面を実演してもらいながら、参加者で意見を述べ合い、好印象を持たれる応対を研究したい。

住民によりよいサービスを提供することは、役所で業務に当たるものとしての責務である。私は以上のことに積極的に取り組み、住民サービスの向上に力を尽くしたい。

••

類題とその対応策について

「住民／患者さんの満足度向上にどう取り組むか」「接遇の向上にどう取り組むか」といった出題があります。「満足度向上」は、提供しているサービス内容、応対の仕方、両方を含みます。「接遇」は「応対の仕方」だけを指します。問われている範囲に気をつけて書きます。

職場の危機管理

言葉の意味を確実に押さえる

　「危機管理」とは、大規模な災害、重大な法令違反の発生など、危機的な事態に陥ったときに、状況をコントロールして的確に対処し、乗り切っていくことを指します。狭義では危機発生後の対処のあり方とされますが、危機に対して事前に備えができていれば、素早く対処できるわけですから、事前の備えを含めて考えても良いです。

このテーマについて書く上で考えておきたいこと

　物事が順調に進んでいれば意識されませんが、何か起こったときに、問われるのが危機管理です。公務員であれば災害時に住民の生命をどう守るかが大きなテーマになるでしょうし、民間企業であれば工場内での事故や納期までに納品できないといった事態、病院であれば医療ミスの発生など様々なケースが想定されます。また、休職者がでて急に人員が不足してしまった、不正な会計処理が見つかった、などの事態も危機管理の対象です。自身の職場でどのような危機が想定されるか考えておきましょう。

答案作成へ向けての材料集め

1　問題の背景に関わること
- 大地震や豪雨などの災害が頻繁に発生しており、災害へ向け危機管理体制を構築することは、官庁として、企業として、また部署を預かる管理職として必須である。
- 不正会計処理、個人情報流出など、不祥事への対応を誤ると、組織の信頼を失墜させ、売り上げ等にも大きな影響を与える。
- 急な欠員の発生、顧客からの強いクレームなど、どのような職場でも

危機は発生しうる。

- 災害など予見しうる危機に対して事前に備えておけば、速やかな対処が可能である。この意味から、事前の備えも重要。
- 職場のリーダーとして、危機にどう対処するのか、日頃から考えておかなければならない。

2 自分の職場の問題点

例)「災害発生時の対応マニュアルの作成など、準備がなされていない。自分の職場でも危機が起こりうるという意識がもてていない」など。

自分の職場の問題点

---

3 取り組み内容の例

- 災害、事故、停電など起こりうる危機を洗い出す。対応マニュアルを作成したり、危機を想定した訓練を行ったりする。
- マニュアルは作りっぱなしにせず、定期的に見て手順を頭に入れておく。時間が経ったら、実情に合っているか見直す。
- 初動体制を整える。危機発生時の部署内での連絡網・出勤体制を確立する。実際に危機が発生した場合は、上司や関係先へ速やかな連絡、相談をする。
- 不祥事等の報告は、話を矮小化するのではなく、事実を正確に伝える。そうしなければ、対応が後手に回り、問題が大きくなる。
- 危機発生時は他部署や関連会社からの応援をもらうなど、部署を超えた連携によって乗り切る。そのために、事前に協力体制を話し合っておく。

• 問題が収束した後に、原因の究明、対応の検証等を行い、再発防止に活かす。

そのほか、自分の職場で実践できそうな取り組み

例題
職場で危機が発生した際に、あなたはどう対処していくか、考えを述べなさい。（80分、1000字程度）

✕ 失敗答案例

　職場で発生しうる危機として、事故や社員の不祥事、災害など様々なことが考えられる。職場を預かる管理職として、高い危機管理能力を持つことは必須の要件である。このことを踏まえ、私は、職場で危機が発生した場合は次のような行動を取りたい。

　一つ目に、危機を俯瞰して捉えることである。危機に対処する上で、正確な情報は欠かせない。例えば事故、不祥事、災害等が発生したら、その内容や規模、被害者の有無、損害の程度等の情報を収集する。危機発生時には様々な情報が飛び交うが、事実と憶測を分けて状況を整理した上で、上長に報告をする……

↑何が問題なのか？

　「一つ目に、危機を俯瞰して捉えることである」と、段落の冒頭で、

何を意味しているのかよく分からない、非常に曖昧な言葉を使っています。「一つ目に……である」「二つ目に……である」という部分は、読み手に「これからこういうことを書きますよ」とあらかじめ伝えて、内容が頭に入りやすくするために書くものです。「一つ目に、状況を正確に把握して上長に報告を上げることである」など、何をするのかはっきりイメージできる具体的な言葉を使います。

答案の下書き作成（民間企業の例）

- 出題の指示を押さえる…「職場で危機が発生した際に、あなたはどう対処していくか」、ここに正面から答えます。
- 答案の考え方…冒頭で、職場の危機にはどのようなものがあるのか、危機管理の重要性などを指摘し、第二段落以降で、危機発生時に具体的にどう対処するかを書いていきます。

 下書き

危機の例、危機管理の重要性

- 職場の危機…事故や災害、不祥事など。
- 危機管理に失敗→社会的な信頼の失墜、重大な損失の可能性。
- 管理職として、高い危機管理能力を持つことは必須。

取り組みの内容

○一つ目、状況を正確に把握して上長に報告。
- 事故、不祥事、災害等の内容や規模、被害者の有無、損害の程度等の情報を収集する。
- 事実と憶測を分けて状況を整理し、上長に報告。一刻を争う問題は、すぐに上司に一報。

○二つ目に、危機の収拾、復旧。事故や災害は、関係者の安全確保が優先。
- 事態が収まったら、復旧、営業再開へ向けて力を尽くす。
- 状況によっては、先方への謝罪、補償等の交渉。

- 一連の行動を取る際は、上長と密に連絡を取り、会社の判断を仰ぐ。
○三つ目として、原因の究明や対応の検証。
- なぜ起きてしまったのか、防ぐことはできなかったのか、発生後の対応は適切だったのか、備えは十分であったのか等について調べる。
- 最終的に報告書をまとめ、社内で共有をする。

まとめ
- 危機は決して他人事ではない。自分の職場でもいつでも起こりうるという意識を持ち、的確な対応をしていく。

解答例

　職場で発生しうる危機として、事故や災害、社員の不祥事など様々なことが考えられる。危機管理に失敗すれば、事の次第によっては、企業としての信頼の失墜、重大な損失の発生に繋がる可能性もある。職場を預かる管理職として、高い危機管理能力を持つことは必須の要件である。このことを踏まえ、私は、職場で危機が発生した場合は次のような行動を取りたい。

　一つ目に、状況を正確に把握して上長に報告を上げることである。危機に対処する上で、正確な情報は欠かせない。例えば事故、不祥事、災害等が発生したら、その内容や規模、被害者の有無、損害の程度等の情報を収集する。危機発生時には様々な情報が飛び交うが、事実と憶測を分けて状況を整理した上で、上長に報告をする。ただし、大規模な事故、災害が発生した場合は、一刻を争う。正確に全容がつかめなくても、速やかに上司に一報を入れ、情報を共有することが大切だ。

　二つ目に、危機の収束、復旧である。事故や災害であれば、まず関係者の安全を確保することを優先する。その上で、部署を挙げての支援、他部署への応援要請などを行い、事態を収束させる。その後は、一日も

早い営業再開へ向けて力を尽くしていく。仮に当社の責任で生じた事故や不祥事で被害者がいる場合は、先方への謝罪、状況によっては補償等の交渉等を進めていかなければならない。もちろん、こうした一連の行動を取る際は、上長と密に連絡を取り、会社の判断を仰いだ上で進めていく。

　三つ目として、事態が落ち着いたら、原因の究明や対応の検証等も行う。例えば、事故や不祥事であれば、なぜ起きてしまったのか、それを防ぐことはできなかったのか、発生後の対応は適切だったのか等について、現場を調べたり、関係する社員から聞き取りをしたりする。災害であれば、備えは十分であったのかについても調べた上で、最終的に報告書をまとめていく。危機が去ったことで安心してしまい、きちんとした振り返りをしなければ、再び同じことが起きる可能性がある。管理職として、記録を残し社内で共有したい。

　事故や災害、不祥事などの危機は決して他人事ではない。私はこうした危機が自分の職場でもいつでも起こりうるという意識を持ち、的確な対応によって危機を乗り切っていきたい。

類題とその対応策について

　「災害、事故等に備えどのような管理体制を構築するか」「業務でトラブルが発生した場合にどう解決するか」などがあります。前者の出題の場合は事前の備えの話を書きます。後者の聞き方の場合は、問題が発生した後のことなので、事後の対応を書くこととなります。どちらの聞き方をしているのかよく考えて書きます。

コミュニケーションの活性化

言葉の意味を確実に押さえる

　コミュニケーションとは、お互いの意思を伝え合うことです。直接顔を合わせて話すことはもちろん、メール等で連絡を取り合うことも含まれます。業務について打ち合わせをすることや面談でじっくりと話をすること、毎日の挨拶やちょっとした声掛けも、コミュニケーションの一種です。

このテーマについて書く上で考えておきたいこと

　組織で仕事をする上では、報告・連絡・相談を密に行うことが大事だと言われます。新型コロナウイルスの感染拡大以降、テレワーク、サテライトオフィス、在宅勤務など、新しい仕事の形態が広がっています。離れた場所での仕事が当たり前になっていく中で、緊密なコミュニケーションを取ることが重要となります。

答案作成へ向けての材料集め

1　問題の背景に関わること

- 組織の中では様々な人が関わって仕事をしている。このため、業務の進行状況の報告、トラブル発生時の連絡などコミュニケーションを取り合うことが大切。
- お互いにコミュニケーションを良く取ることで、信頼関係も生まれる。
- 接客・窓口業務等の仕事の場合は、お客様との十分なコミュニケーションも求められる。
- コミュニケーションを活性化し、よりよい職場にしていくことが、現場のリーダーとしての責務。

2 自分の職場の問題点

例)「テレワークが多く、各自の業務の進行状況などが共有されていない。トラブル発生時の連絡が遅い」など。

自分の職場の問題点

3 取り組み内容の例

- 職場で定期的にミーティングを持ち、各自の業務の進捗状況、業務上の問題点などについて報告し合う。
- トラブル発生時には速やかに連絡することを習慣づける。
- 仕事で気になった点、連絡事項などをメモした「連絡ノート」を職場に設置し、情報を共有できるようにする。同じような仕組みをパソコンの共有ファイルなどに設ける。
- 部下にこまめに声かけをする。何か問題を抱えている場合は遠慮なく相談するように伝える。
- コミュニケーションの基本である挨拶を励行する。

そのほか、自分の職場で実践できそうな取り組み

例題

職場におけるコミュニケーションの重要性を指摘した上で、今後係長としてコミュニケーションをどう活性化していくか述べなさい。（80分、1000字程度）

×失敗答案例

職場でコミュニケーションを取り合うことは、業務の基本である。十分なコミュニケーションが取れていれば、お互いの業務の内容や進行状況がよく分かり、何かトラブルがあってもすぐに対処できる。このように、職場でコミュニケーションは大変重要だ。私は係長として、職場のコミュニケーション活性化のために、次のようなことに取り組んできた。

まず、トラブルが起きた際は速やかに連絡をするように指導をしてきた。トラブルの解決は迅速な情報伝達が鍵を握る。私は、これまでミーティング等で、トラブル発生時や、何か気になったときはすぐに連絡することをスタッフに伝えている。これによって、トラブルが起きても早い段階で解決ができており、効果を上げている。

次に……

↑何が問題なのか？

出題をよく読んでいません。出題では「今後」どうするかを聞いています。この答案は「既に取り組んだこと」を書いています。そうではなくて、「これからやること」を書かなければなりません。このように出題を理解しないまま書いている答案は非常に多いです。

答案の下書き作成（民間企業の例）

- 出題の指示を押さえる…「職場におけるコミュニケーションの重要性を指摘」「今後係長としてコミュニケーションをどう活性化していく

か」、この二点に答えることを押さえます。

- 答案の考え方…昇進試験では、これから何をやるかの方が大事なので、「職場におけるコミュニケーションの重要性」を簡単に押さえた上で、「今後係長としてコミュニケーションをどう活性化していくか」を詳しく書いていきます。取り組みを書く際には、現状の問題点を指摘できるのであればその点に触れながら書くと内容が深まります。

 下書き ....

職場におけるコミュニケーションの重要性

- コミュニケーションは、業務の基本。
- コミュニケーションによって、お互いの業務の内容や進行状況がよく分かり、トラブルにもすぐに対処できる。
- 信頼関係が構築される。日々の業務がスムーズになる。

取り組みの内容

○一つ目、定期的にミーティングを開催。

現状）スタッフがコミュニケーションを取る機会が少なく、お互いの業務に無関心。

取り組み）週に一度、テレビ会議でミーティングを開催。自分の業務の進捗状況や、業務で課題に感じたことなどを報告。

- 職場の業務全体を理解してもらい、一体感を高める。

○二つ目に、上司、部下の間でのコミュニケーションを活発にする。

- 半年に1回、部下と1対1で面談する。仕事上の問題点などについて話を聞く。
- 面談に限らず、普段から、声をかけて問題を共有する。

○三つ目に、職場での日常的な挨拶を励行。

現状）職種が違うとすれ違っても挨拶もしない。

- 「おはようございます」「お疲れ様でした」の一言を大事にする。
- 私自身も、自分からスタッフに挨拶をしたい。

64

まとめ

• テレワークや在宅勤務などの導入で、コミュニケーションが一段と希薄になる可能性。コミュニケーションが活発な職場を実現したい。

 解答例

　職場でのコミュニケーションは、業務の基本である。十分なコミュニケーションが取れていれば、お互いの業務の内容や進行状況がよく分かり、何かトラブルがあってもすぐに対処できる。また、職場で働く者同士が、お互いによく話し合い、考えを理解し合うことで、信頼関係が構築される。そのことによって日々の業務をスムーズに進めていくことができる。このように、職場のコミュニケーションは大変重要であるといえる。これを踏まえ、私は係長として、コミュニケーション活性化のために、次のようなことに取り組んでいきたい。

　まず、職場で定期的にミーティングを開催したい。私の職場では外回りの担当者やテレワークをしている人が半数以上を占め、スタッフが集まってコミュニケーションを取る機会が少ない。このため、お互いの業務に無関心で、担当社員の不在時にお客様から問い合わせがあっても答えられないことが多い。そこで週に一度、テレビ会議でミーティングを開催し、スタッフ間の情報共有を活発にしたい。ミーティングでは、自分の業務の進捗状況や、業務で課題に感じたことなどを報告し合っていく。スタッフ一人ひとりに職場の業務全体を理解してもらい、一体感を高めていきたい。

　次に、上司、部下の間でのコミュニケーションを活発にしたい。半年に1回、部下と1対1で面談する機会を作り、仕事で抱えている問題点や、将来進みたい分野などについてじっくりと話を聞く。その上で、解決法や今後の仕事の進め方などについて助言をしていく。また面談に限

らず、普段から、部下の仕事が遅れているときや、顔色が冴えないとき
は、声をかけて問題点を共有し、適切な助言を行っていきたい。

　最後に、職場での日常的な挨拶を励行したい。挨拶は、最も基本的なコ
ミュニケーションである。現在の職場では、職種が違うとすれ違っても
挨拶もしないという場面が見られる。「おはようございます」「お疲れ様
でした」の一言を掛け合うだけで、職場の雰囲気が変わってくる。私自
身も、相手の挨拶を待つのではなく、自分からスタッフに挨拶をして、
明るい職場にしたい。

　今後、テレワークや在宅勤務などの導入が進むと、社員間でコミュニ
ケーションを取り合うことが一段と重要になる。私は以上のことに係長
として取り組み、コミュニケーションが活発な職場を実現したい。

類題とその対応策について

　「風通しの良い職場をどう作るか」「職場での情報共有をどう進めるか」
など。「情報共有」の場合は、単なる挨拶や声かけなどは含まれないこと
に注意して書きます。

部署内外の連携推進

言葉の意味を確実に押さえる

「連携」とは、お互いに意思疎通を図り、協力し合って物事に取り組んでいくことを指します。コミュニケーションを取り合うことから一歩先に進んで、協力して行動することも含まれます。

このテーマについて書く上で考えておきたいこと

組織で仕事をする上では、他者との連携が求められます。部内で他のスタッフと連携して仕事をすること、あるいは部署をまたいで連携することも必要になります。組織が大きくなると「縦割り」になりがちですが、そのようなあり方を打破する必要があります。さらに外部との連携も重要です。公務員であれば市民団体、NPOとの連携、企業であれば関連会社、あるいは異業種との連携、学校であれば地域や保護者との連携です。自分の仕事の中でどのような連携があり得るか考えておきます。

答案作成へ向けての材料集め

1　問題の背景に関わること

- 組織が有効に機能するためには、部署内外での連携が重要。
- 縦割りを排し、部署を超えて日常的に協力し合う関係が求められる。
- 組織内部だけでなく、外部の事業者、団体、地域などとの連携も大切。

2　自分の職場の問題点

例)「セクショナリズムの考え方が強い。他部署との交流がほとんどない」など。

┌───┐
│ 自分の職場の問題点   │
│   │
│   │
│   │
│   │
└───┘

3 取り組み内容の例

- 日常的に部内での情報共有、話し合いの場を持ち、職員・社員の間で連携意識を強める。トラブル発生時は部署を超えて協力し合って対処する。
- 他部署と共同での勉強会を開催する。部署を超えての課題、問題意識の共有。
- 部署間での人事交流を行う。
- 各部署の管理職同士が、こまめに連絡し合ったり、情報を共有し合ったりして、協力し合える関係性を作る。
- 関連会社、同業他社、地域住民などと良好な関係を築き、協力関係を保つ。

┌───┐
│ そのほか、自分の職場で実践できそうな取り組み   │
│   │
│   │
│   │
│   │
└───┘

例題

職場での連携推進に関して課題点を指摘した上で、管理職としてどのように解決していくべきか考えを論じなさい。（80分、1000字程度）

×失敗答案例

　私は職場で上司、同僚、部下、他部署の人など様々な人と関わりながら業務を行っているが、社員が互いに連携し合っている職場は、円滑に業務が進み、何かトラブルがあっても協力して対処できる。その意味で、職場の連携推進は大変重要であると言える。

　特に営業スタッフ同士の連携強化は大事だ。現在営業課では、それぞれのスタッフが単独で営業活動を行っている。各自が業務上の問題と感じていることをみんなで解決し合ったり、先輩からノウハウを学んだりすることがなく、効率的な営業活動をしているとは言えない。私は管理職として、定期的に営業スタッフが集まる会議を設けたい。会議では、各スタッフが業務で問題と感じていることや、成約に至った効果的な営業手法などについて報告し合う。スタッフ全員が営業課のチームの一員としての意識を持ち、連携しながら業務に当たれる環境を作っていく……

↑何が問題なのか？

　「課題点」を何だと捉えているのかはっきりしません。こういう出題の場合、採点者は、「課題点はどこに書いてあるかな」「どういう解決策を提示しているかな」ということに注目しながら読みます。しかし、答案では「課題点」という言葉が一度も出てこず、曖昧なままです。解決策の方も「定期的に営業スタッフが集まる会議を設けたい」と書いてはありますが、メリハリがないので、どこから解決策の話に入ったのか印象に残りません。

こういう出題の場合は、

「……その意味で、職場の連携推進は大変重要であると言える。私は、これに関して、二つの課題点があると考える。
　一つ目として、営業スタッフ同士の連携強化である。現在営業課では、それぞれのスタッフが単独で営業活動を行っている。各自が業務上の問題と感じていることをみんなで解決し合ったり、先輩からノウハウを学んだりすることがなく、効率的な営業活動をしているとは言えない……」

　このように書くと「ここに課題点を書いているな」と採点者にすぐに伝わります。
　また、解決策の方も、

「私は解決策として、定期的に営業スタッフが集まる会議を設けたい」

　と書くと、「ここに解決策を書いているな」とはっきり伝わります。
　あるいは、

「そこで、私は管理職として、定期的に営業スタッフが集まる会議を設けたい」

　この書き方でも良いです。「解決」という言葉は使っていませんが、「そこで」という接続詞によって「別の話に入ったな」ということが伝わり、「定期的に営業スタッフが集まる会議を設けたい」という解決策が、読み手にしっかり印象づけられます。

答案の下書き作成（民間企業の例）
• 出題の指示を押さえる…「職場での連携推進に関して課題点を指摘」「管理職としてどのように解決していくべきか」この二点に正面から

答えます。
- 答案の考え方…第一段落で「問題の背景」を押さえ、第二段落以降で、課題と解決策を一つの段落にセットで書くやり方を示します。ただし「問題の背景」は、直接出題で聞かれていることではなく、本題の前置きに過ぎませんので、あまり長くならないようにします。

 ## 下書き ....

連携推進が求められる背景
- 職場では上司、同僚、部下、他部署の人など様々な人と関わる。
- 社員が連携し合っている職場は、円滑に業務が進み、トラブルがあっても対処できる。
- 職場での連携を取り合うことは大変重要。

課題点と解決策の指摘
○一つ目の課題点）スタッフ同士の連携強化。単独で営業活動を行っているため、課内で課題点の共有やノウハウの蓄積が進みにくい。
その解決策）定期的に営業スタッフが集まる会議を設ける。
- 業務で課題と感じていることや、効果的な営業手法などについて報告し合う。

○二つ目の課題点）部署を超えた連携推進。社内全体で連携して課題を解決したり、業務を改善したりする意識に乏しい。→経理伝票が改善されないまま。
その解決策）共同プロジェクトを立ち上げる。営業、経理両部署から人を集め、改善に繋げていく。
- 他にも部署を超えた課題解決のためのプロジェクト、勉強会などを積極的に開催。
- 管理職同士でこまめに連絡を取り合い、関係を構築する。

まとめ

部署内外で社員の連携がとれた職場を作り上げたい。

 解答例

　私は本社営業課に所属している。職場では上司、同僚、部下、他部署の人など様々な人と関わりながら業務を行っているが、社員が互いに連携し合っている職場は、円滑に業務が進み、何かトラブルがあっても協力して対処できる。その意味で、連携を取り合うことは大変重要である。一方で、私は職場の連携推進に関して、二つの課題点があると考える。

　一つ目として、営業スタッフ同士の連携強化である。現在営業課では、それぞれのスタッフが単独で営業活動を行っている。各自の業務上の課題をみんなで解決し合ったり、先輩からノウハウを学んだりすることがなく、連携のとれた営業活動をしているとは言えない。そこで私は管理職として、定期的に営業スタッフが集まる会議を設けたい。会議では、各スタッフが業務で課題と感じていることや、成約に至った効果的な営業手法などについて報告し合う。課題点についてはお互いに意見を出し合って解決していく。スタッフ全員が営業課のチームの一員としての意識を持ち、連携しながら業務に当たれる環境を作っていく。

　二つ目に、部署を超えた連携推進である。本社内は営業課、経理課、技術課など、複数の部署に分かれているが、多くの社員の目は所属部署の業務のみに注がれている。このため、社内全体で連携して課題を解決したり、業務を改善したりする意識に乏しい。例えば、営業スタッフの経費精算については、従来から経理課に提出する伝票が複雑で、記入に時間を取られるという声が多い。これまでは部署を超えて話し合う場がなかったため、改善されないままできた。そこで私は営業課と経理課共同で経理伝票の改善へ向けてのプロジェクトチームを立ち上げたい。両部署から人を集め、現在の伝票の問題点は何か、どういう伝票が効率的

なのかなどを議論し改善に繋げていく。この件に限らず、社内の他の課に声をかけ、こうした部署を超えた課題解決のためのプロジェクト、勉強会などを積極的に開催していきたい。互いに連携しながら業務を進めることが当たり前となる環境を作りたい。また、普段から管理職同士でこまめに連絡を取り合い、問題が生じたときや、新しい事業を始める際は、いつでも協力し合える関係性を築いていく。

　私は以上のことに管理職として力を注ぎ、部署内外で社員の連携がとれた職場を作り上げたい。

類題とその対応策について

　「セクショナリズムをどのように取り払うか」「部署間の協力体制をどう築くか」といった出題があります。これらも基本的には「連携推進」と考え方は同じです。ただし「部署間」という聞き方であれば、部署をまたいだ協力のことであり、「部署内部」の協力体制の話とは違うことに注意します。問題をよく読み、「部署内部」のことか「部署間」のことか、あるいは、どちらも問わないことを聞いているのかを考えます。

主任・係長・課長等に求められる資質・能力

言葉の意味を確実に押さえる

「資質」とは、その人の持つ性質を指します。例えば面倒見が良い、粘り強い、などです。「能力」は、その人の持つ力です。コミュニケーション力がある、指導力がある、などです。自分自身に置き換えて考えてみましょう。

このテーマについて書く上で考えておきたいこと

主任・係長・課長など職場のリーダーとなる人には求められる資質・能力というものがあります。個人としてどんなに優れた業績があっても、リーダーには向かない人がいるものです。リーダーに求められる資質・能力とは何かを良く考えるとともに、その中で「自分自身に備わっているものはこれだな」と考えておくことが大事です。これは小論文試験のみならず、面接でも聞かれる可能性が高いです。

答案作成へ向けての材料集め

1 問題の背景に関わること

• グローバル化の進展、競争の激化の中で、高い資質・能力を持った人材が求められる。
• 主任・係長・課長は、現場のリーダーとして、自らその資質・能力を磨いていかなければならない。

2 主任・係長・課長として求められる資質・能力の例

• リーダーシップがある。メンバーを引っ張っていこうとする姿勢がある。

- 面倒見がよい。自分のことだけでなく、周りを気にかけられる。
- コミュニケーション力が高い。上司、部下問わず、職場の人と意思疎通が十分にとれる。部下から見て話し掛けやすい、相談しやすい存在である。
- 調整力がある。職場を代表して、他部署と協議したり、外部の人と交渉したりすることができる。
- 職場全体を見渡して判断・行動する力がある。スタッフの動きや職場の状況全体を見て、業務を進めていくことができる。
- 決断力。現場のリーダーとして的確に決断を下すことができる。

> そのほかに考えられること。特に、自分自身に備わっている資質・能力について考えておくこと。

3　上記に書いたことを、今後の仕事の中でどう活かしていくか

- リーダーシップを発揮し、職場の問題点の指摘や改善への提案を積極的に行う。会議の場でも自分から発言をして、メンバーをリードする。
- 面倒見の良さを活かし、部下にこまめに声かけをする。問題を抱えている場合は相談に乗り、解決へ向け助言する。
- コミュニケーション力を発揮し、部下とは日頃からよく話し合い、信頼関係を築いていく。上長とも十分に情報共有をして会社の方針を理解し、部下にわかりやすく伝えていく。
- 調整力を活かし、部署間で利害が対立した場合などは、相手の意見も良く聞きながら、お互いに納得できる妥協点を見いだしていく。

そのほかに考えられること。特に、自分自身に備わっている資質・能力を、仕事の中でどう活かしていくかについて考えておくこと。

例題
主任技師に求められる資質・能力とは何か。あなたの考えを述べなさい。
（60分、800字程度）

×失敗答案例

　主任技師に求められる資質・能力には、二つある。一つ目は、なんと言っても<u>リーダーシップ</u>。主任技師は、現場のリーダーとして10人程度のスタッフをまとめ、業務を的確に遂行する、いわば「職場のマエストロ」だ。チームの先頭に立って指示を出していく必要がある。やるべきことは多い。例えば、職場環境に対しての<u>問題提起</u>。さらには<u>改善策の提案</u>。また…

↑何が問題なのか？

　文章を無駄に装飾しています。論文では下線部のような体言止めは使わないようにします。きっちりと「…である」「…だ」などの形で終わらせます。また「職場のマエストロだ」のような比喩も不要です。必要なことだけを簡潔に書いているのが、優れた論文です。

答案の下書き作成（病院職員の例）

- 出題の指示を押さえる…「主任技師に求められる資質・能力とは何か」、ここにダイレクトに答えます。
- 答案の考え方…この出題は聞かれていることが一つですが、個人の内面に関わることを聞いており、社会的な背景に触れるような話ではありません。そこで、前置きはごく簡単に済ませるか、もしくは、直接「主任技師に求められる資質・能力とは、これだ」という話から入っても良いでしょう。資質・能力は、一つだけ挙げて詳しく書いても良いですし、複数挙げて、それぞれ説明するというやり方でも良いです。

下書き ....

求められる資質・能力について

- 主任技師に求められる資質・能力は、二つある。

○一つ目に、リーダーシップ。主任技師は、現場のリーダーとして、先頭に立って指示を出していく必要がある。

- 例えば、職場環境などについて問題提起、勉強会を開催するなど、業務全般でリーダーシップを発揮していくことが求められる。

○二つ目に、高いコミュニケーション力。

- 例えば、スタッフへの指示、声かけのほか、スタッフの悩みなどを聞き取る。
- 上層部の方針をスタッフに伝える。逆にスタッフの考えを上司に伝える。
- 何かトラブルがあれば、代表して患者様に対応する。あらゆる場面で人とのコミュニケーションが必要。
- 自分の考えをはっきりと相手に伝え、他人の意見を聞くことが大事。

まとめ

- 主任技師として、リーダーシップとコミュニケーション力を高め、本院に貢献したい。

....

第2章

77

解答例

　私は、主任技師に求められる資質・能力は、二つあると考える。

　一つ目に、リーダーシップである。主任技師は、現場のリーダーとして10人程度のスタッフをまとめ、業務を的確に遂行していくことが求められる。患者様をお待たせしていないか、作業の手順は的確か、それぞれのスタッフはどう動いているか等を見ながら、チームの先頭に立って指示を出していく必要がある。その中で、職場環境やスタッフの動きに問題があれば、自ら問題提起し、積極的に改善策を提案しなければならない。また、職場で勉強会を開催するなど、スタッフの成長も考えた取り組みを意欲的に進めていかなければならない。このように主任技師には、業務全般でリーダーシップを発揮し、チーム全体を率いていくことが求められる。

　二つ目に、高いコミュニケーション力である。主任技師は、日常的に、スタッフに声をかけて仕事を指示したり、仕事が順調に進んでいるかを確認したりする必要がある。同時に、スタッフの話に耳を傾け、本人が仕事で抱えている悩みや、職場の問題点を聞き取ることも大切だ。また、病院の経営方針などをスタッフに伝えること、逆にスタッフの考えを、職場を代表して上司に伝えることも求められる。さらには、現場で何かトラブルがあれば、スタッフを代表して患者様に対応するなど、あらゆる場面で人とのコミュニケーションが必要とされる。主任技師として、自分の考えをはっきりと相手に伝えられなければ職場は混乱するし、他人の意見を聞かなければ独りよがりに陥る。十分なコミュニケーション力を元に、業務を遂行することが求められる。

　以上を踏まえ、私は今後主任技師として、リーダーシップとコミュニケーション力を高め業務に当たっていく。そのことによって本院に貢献していきたい。

類題とその対応策について

　「管理職に求められる能力とは何か」という聞き方もあれば、「管理職に求められる能力をあなたはどう高めていくか」という聞き方もあります。後者の場合は、求められる能力を示した上で、「今後それを高めるためにこういうことをやる」、というところまで書き込みます。

主任・係長・課長等の
果たすべき役割

言葉の意味を確実に押さえる

　「役割」とは、平たく言えば「何をする人なのか」です。「主任の役割を述べよ」とは、「主任とは何をする人なのか」に答えることです。

このテーマについて書く上で考えておきたいこと

　昇進をすると今までと違った役割が期待されます。一般の社員であれば、自分の仕事だけを考えておけば良かったものが、係長になれば現場のリーダーとして部下を指導したり、係を代表して他部署と交渉に当たったりする役割が期待されるでしょう。また、課長など人事考課をつける立場であれば、部下を公正に評価していくことも大事な役割となります。職位によっては組織の中枢を担う存在として、経営方針に対して意見を述べる必要も出てくるでしょう。自分のポジションでは何を求められているのかを考えておきます。

答案作成へ向けての材料集め

1　問題の背景に関わること

- 組織の中では、それぞれのポジションに求められる役割がある。
- 管理職は組織の要の位置を占めており、その役割を自覚して業務に当たることが求められる。

2　主任・係長・課長の役割の例

- 現場の業務を管理する役割。部下から進捗状況などについて報告を受け、円滑に業務を進めていく。
- 人を育てていく役割。社員の特性、本人の意向などを考慮しながら育

成・指導する。

- 部下を評価していく役割。考課者として公正な評価を下す。
- 現場の社員と上級の管理職を繋ぐ役割。
- 部署を代表して他部署の人と交渉をする役割。

自分のポジションに求められる役割とは

3 上記を仕事の中でどう実践するか

- 部下とこまめに連絡を取り合って、業務の進捗状況を把握する。業務の遅れやトラブルの発生に対しては、部署の代表として責任を持って対処する。
- OJT、職場の勉強会などに力を入れて若手を育成していく。業務で問題を抱えている部下に対しては、じっくり話を聞いて解決策を考えるなど、良き相談相手としての役割を果たしていく。
- 考課者として、積極的にチャレンジした者を評価していく。
- 部下の実績、能力などを見ながら、転勤、昇進など、次のステップを目指すことを勧める。
- 定期的なミーティングの開催などにより、現場の意見を吸い上げ、上層部に伝える。また、経営側の考えを現場に伝え、実行させる。
- 他部署と共同での勉強会の開催を提案する。

例題
課長として果たすべき役割について論じなさい。（60分、800字程度）

×失敗答案例

　昇進後、私は課長として職場の活性化に取り組んでいきたい。そのための具体的な方策を、以下で論じる。

　一つ目に、職場の情報共有を活発にするため、生産ラインでその日あったトラブルや問題点などを報告し合う場を設けたい。この場では若手からベテランまでフラットな立場で意見を述べられるようにする……

↑何が問題なのか？

　出題では「課長として果たすべき役割」を聞かれていますが、「課長として取り組みたいこと」に話がそれています。「役割」について論じるとはどういうことかをよく考えます。

答案の下書き作成（民間企業の例）

- 出題の指示を押さえる…「課長として果たすべき役割」を論じることが目的です。すなわち「課長とは何をする人なのか」に答えることが目的です。
- 答案の考え方…字数が800字と短い上、「課長として果たすべき役割」

は、社会的な背景を考察するようなテーマではありません。そこで、答案の導入部分はごく簡単に済ませて、すぐに「役割」の考察に入ります。

 下書き ・・

導入部
- 課長は現場と経営側を繋ぐ要の存在。
- 三つの役割がある。

役割の具体的な説明
○一つ目、課の業務全体を、責任を持って遂行する役割。
- 社員を指揮、監督しながら、業務を確実に遂行する。
具体的には）各社員の動きを把握し、生産ライン全体の進行状況を見極める。
- 遅れている社員のフォロー。トラブル時は原因を究明し、生産ラインを復旧させる。
○二つ目、部下を育成し、成長させる役割。
例えば）OJTの実施、課内での研修。
- 課員の経験量や特性を考えた上で、担当を変え、実務遂行力を高める。
- 部門をまたいでの勉強会。
○三つ目、現場と経営の意思疎通を図る役割。
- 生産ライン、職場環境の問題点など、現場の意見を経営に伝える。
- 経営からの指示を現場にしっかりと伝える。両者の意思疎通を図る。

まとめ
以上のことを意識し、課長としての役割を果たしていく。

・・

課長は現場と経営側を繋ぐ要の存在であり、その役割を自覚して職務に当たることが求められる。私は、課長の役割は以下の三点だと考える。

　一つ目として、課の業務全体を、責任を持って遂行する役割である。私の所属する生産管理課では、課長以下 10 人の社員が業務に当たっている。課長には、社員を指揮、監督しながら、業務を確実に遂行することが期待されている。そのために常に各社員の動きを把握し、生産ライン全体の進行状況を見極めておかなければならない。遅れている社員がいればフォローに入り、トラブルが発生したら速やかに原因を究明して生産ラインを正常に戻すことが求められる。生産が計画通り行われるよう、責任を持って業務に当たる必要がある。

　二つ目に、部下を育成し、成長させる役割である。若手に対する OJT の実施はもちろん、課内での研修を実施し、社員の能力を向上させる必要がある。また、課員の経験量や特性を考えた上で、平易な業務から、難易度の高い業務へと段階に応じてステップアップさせ、本人の実務遂行力を着実に高めていくことが求められる。さらに、部門をまたいでの勉強会を呼びかけるなど、職場全体を見ながら社員の意欲、知識、能力を高めていくことも大切である。

　三つ目に、現場と経営の意思疎通を図る役割である。現場からは日々、生産ラインの構造上の問題点や、職場環境の問題点などについて意見が寄せられる。これらのうち課内で解決できないものについては、現場の意見として経営に伝えていく必要がある。一方で、経営方針や経営からの指示を現場にしっかりと伝えて、課の責任者として確実に実行しなければならない。両者の意思疎通を図り、風通しの良い会社にしていくことが求められる。

　私は以上のことを意識し、課長としての役割を果たしていく決意である。

類題とその対応策について

　「コンプライアンス意識向上のために管理職に求められる役割とは何か」「優秀な人材を育成するために管理職に求められる役割とは何か」のように、話を絞って聞く場合があります。この場合は、全般的な役割を書くのではなく、提示されたテーマの中での役割を書きます。

仕事をする上で大切にしていること

このテーマについて書く上で考えておきたいこと

　このテーマは、仕事に対してのその人の信念や向き合い方が端的に表れます。「責任を持ってやり通す」「自分から率先して行動する」、いろいろ考え方がありますが、自分が大切にしていることは何でしょうか。

　特定の正解はありませんから、自分自身を振り返って考えておきましょう。

答案作成へ向けての材料集め
自分が大切にしていることの例

・頼まれたことは責任を持ってやり通す。締め切りに必ず間に合わせる。
そのためにどうするか）計画性を持って業務を進めていく。守れない約束を安易にしない。

・何事にも挑戦する気持ちを持つ。
そのためにどうするか）難しそうな仕事であっても積極的に引き受ける。前例を打破し、新しいことに取り組んでいく。

・自分から率先して行動する。受け身にならない。
そのためにどうするか）当てられた仕事をこなすだけでなく、自分から提案する、やってみたいと手を挙げる。会議でも自分から発言をする。

・チームワークを大切にする。
そのためにどうするか）自分の実績だけに注意を奪われるのではなく、チームのために何ができるかを優先して考える。

```
自分自身が大切にしていること




```

例題
あなたが仕事をする上で大切にしていることは何か、論じなさい。（60
分、800字程度）

×失敗答案例

　私が仕事をする上で大切にしていることは「信頼」「向上心」「責任感」
「積極性」の四つだ。これらは消防士の業務のさまざまな場面で求められ
るからである。

　一つ目の「信頼」について、消防士の業務では部下に対して危険を伴
う場所での業務を指示したり、仲間のサポートを頼りに自分自身が危険
な場所での作業に向かったりすることがある。この時、お互いに信頼関
係がなければ仕事が成り立たない。私は信頼関係を築くために職場の人
と十分にコミュニケーションを取り合うようにしている。

　二つ目の「向上心」については……

↑何が問題なのか？

　800字という字数で四つもキーワードを挙げると、一つ一つの内容が
どうしても薄くなり、説得力の弱い答案になってしまいます。これくら
いの字数であれば、キーワードは一つか二つに絞って、それぞれを深く

書いていくべきです。

答案の下書き作成（消防士の例）

- 出題の指示を押さえる…「仕事をする上で大切にしていること」について書きます。
- 答案の考え方…この出題も個人の内面に関わる出題であり、物事の背景を考える問題ではありませんから、ダイレクトに本題に入ります。冒頭で「信頼」というキーワードを挙げて、第二段落以降、「信頼」の意味について二つの観点から論じていきます。

 下書き ···

「大切にしていること」の答えを提示する

- 仕事をする上で大切にしていることは「信頼」。
- 「信頼」は、二つの要素から成る。

二つの要素について掘り下げる

○一つ目、職場の人達との「信頼」について。
- 消防士の業務は危険を伴うため、信頼関係がなければ成り立たない。
- そのために十分なコミュニケーションを取ることが大切。
例えば）現場での情報共有、リスクや取るべき行動について確認し合う。
- 気になったことはお互いに伝えあう。
- 日常の中でもコミュニケーションを取り合う。挨拶や積極的に話し掛けること。
○二つ目、市民からの「信頼」について。市民から信頼され、期待に応えなければならない。
例えば）日々の業務に誠実に取り組むこと。各種勉強会への参加、業務に必要な資格の取得。基礎体力の向上、救助技術の向上。
- コンプライアンスに反する行為をしない。

まとめ

• 「信頼」は消防士の仕事の基礎である。このことを強く自覚して業務にあたっていく。

解答例

　私が仕事をする上で大切にしていることは「信頼」だ。消防士の業務のさまざまな場面で人との信頼が強く求められるからである。ここでいう「信頼」とは、以下の二つの要素から成る。

　一つ目は、職場の人との「信頼」である。消防士は部下に対して危険を伴う場所での業務を指示したり、仲間のサポートを頼りに自分自身が危険な場所での作業に向かったりすることがある。この時、お互いに強い信頼がなければ仕事が成り立たない。信頼関係を築くためには十分なコミュニケーションを取ることが大切である。私は、現場でお互いに状況を報告し情報を共有し合っていくこと、今後予想されるリスクや取るべき行動について確認し合うことを徹底している。また、業務の中で気になったことは相手に率直に伝えるとともに、私自身も何かを指摘されたら相手の話に耳を傾け、自分の行動を振り返る契機にしている。このほか、日常の中でも十分にコミュニケーションを取り合うことが大事だ。出勤、帰宅時の挨拶はもちろん、職場の人には自分から積極的に話し掛けて考えを伝え合い、信頼関係を築いている。

　二つ目は、市民からの「信頼」である。消防の業務は市民から預けられた税金によって成り立っている。市民から信頼され、その期待に応えられる消防士になりたい。そのために、私は日々の業務に誠実に取り組んでいくことはもちろん、各種の勉強会への参加、業務に必要な資格の取得などに励んでいる。基礎的な体力の強化、救助技術の向上などにも力を入れ、絶えず自身を高めるようにしている。また、ハラスメント行為や飲酒運転など、コンプライアンスに反する行為は市民からの信頼を

一瞬で失う結果となる。私生活も含め、自己を厳しく律した行動を取ることを心がけている。

　「信頼」は消防士の業務の基礎である。私はこのことを強く自覚して業務にあたっていきたい。

··

類題とその対応策について

　「係長の仕事をする上で一番大切なことは何か」など、職位と関わらせて聞かれることもあります。この場合は、「係長」という立場にふさわしいキーワードを考えます。

自分が目指す姿

このテーマについて書く上で考えておきたいこと

　昇進はゴールではありません。例えば5年後、10年後、自分がどうなっていたいのかビジョンを持っておく必要があります。どういうポジションでどんな仕事をして、組織にどう貢献していくのか、イメージを持っておきます。イメージがはっきりしていれば、その実現のために、今自分が何をすべきなのかも見えてきます。

答案作成へ向けての材料集め

将来ビジョンの例

• 大規模なプロジェクトを手掛けるリーダーを務め、会社に貢献したい。
そのためにどうする？）プロジェクトのサブリーダーとして経験を積む。スケジュール管理、予算管理、人員の配分の仕方などについて学ぶ。

• 新しい商品を開発し大型ヒットを出す。
そのためにどうする？）市場調査の分析力をつける、技術部や営業部など他部門の仕事も経験し商品開発全般に関わる力をつける。

• 市役所で福祉分野のエキスパートになりたい。
そのためにどうする？）現場での経験を積み、福祉の現状、課題などについて知見を高める。業務で役立つ資格の取得、勉強会等に積極的に参加する。

自分の将来ビジョン
○5年後こうなっていたい

→そのためにどうするか

....

○10年後こうなっていたい

→そのためにどうするか

例題
5年後の、あなたの目指す姿を示した上で、その実現へ向けどう行動するか、考えを述べてください。（60分、800字程度）

×失敗答案例

1　プロジェクトリーダーとなる

　私はこれまで商品開発部のメンバーとして、○○や○○など様々な新商品の開発に携わってきた。5年後には、商品開発部のプロジェクトリーダーとなり、新商品の開発を手掛けたいと考えている。リーダーとしてチームをまとめ、毎年ヒット商品を生み出せるような存在になりたい。

この目標を実現するために、私は次のようなことを実行していきたい。

2　他部署との連携による商品開発

　一つ目に、商品開発に必要な力を高めていくことである。商品開発においては、消費者が今何を求めているか、市場は今後どれくらい拡大するか、開発に当たっての技術的な裏付けはあるか、といった様々な要素を正確に掴み、企画の実現へと結びつけていく必要がある。プロジェクトリーダーはこれらのこと全般に精通しておかなければならない。そのために、私は店頭での消費者の声を聞く、モニタリング調査を積極的に行っていく。また、市場分析も担当して各種データから市場の動向を掴み、市場を読む力も高めていきたい……

↑何が問題なのか？

　答案の各段落にタイトルがつけられていますが、つける以上は的確なタイトルにしなければいけません。「１　プロジェクトリーダーとなる」というタイトルは間違いではないものの、なるべく、先を読みたくなるような魅力的なものにすべきです。例えば「プロジェクトリーダーとして毎年ヒット商品を生み出す」など、これくらいのタイトルにすれば、インパクトがありますし、読んでみようという気になります。

　「２　他部署との連携による商品開発」については、タイトルと中身があっていません。この段落に書いてあることは、商品開発に必要な自分自身の力を強化していく、ということであって、「他部署との連携」とは全く別の話です。これもよくある失敗です。こういうタイトルならつけない方がましです。つけるのであれば、第二段落の中身ときっちりと一致させて「商品開発に求められる力を一段と高める」などにします。ただ、この場合は第二段落の出だしの一文と似通ってしまいます。そもそもこの段落は冒頭で、「一つ目に、商品開発に必要な力を高めていくことである」と、これから書く内容を端的に提示しています。最初の一文がいわばタイトルのような役割を果たしており、とてもわかりやすく書けているのです。したがって、各段落の冒頭にタイトルは必要なのかを考

えた方が良いです。

　一般論として、800 字くらいの文章で中身がわかりやすく書けていれば、各段落のタイトルはなくて良いです。各段落の頭にタイトルをつけると、その分答案の中身が減ってしまうという問題点もあります。1500字くらいになってくると、話を整理するためにタイトルをつけた方が良い場合もあります。

　なお、答案全体のタイトルであれば、800 字くらいの文章でもつけて構いません。

答案の下書き作成（民間企業の例）

- 出題の指示を押さえる…「5 年後に目指す姿を示す」「それを実現するためにどう行動するか」この二点を明確にします。
- 答案の考え方…冒頭の段落で「5 年後に目指す姿」を示します。第二段落、第三段落の二つに分けて「それを実現するためにどう行動するか」を具体的に述べていきます。

 下書き ･･･

5年後に目指す姿

- 5 年後は、商品開発部のプロジェクトリーダーとなり、新商品の開発を手掛けたい。
- チームをまとめ、毎年ヒット商品を生み出す。

実現するためにどう行動するか

〇一つ目、商品開発に必要な力を強化する。プロジェクトリーダーに求められる力を高める。

そのために）店頭での消費者の声を聞くモニタリング調査、市場分析によって市場の動向を掴む。技術部の業務も経験する。

〇二つ目、プロジェクトを動かす経験を重ねる。

そのために）サブリーダーとしてプロジェクトリーダーを補佐する。メ

ンバーの提案を一つにまとめること、スケジュールや予算の管理、他部門との折衝などを補佐。

- メンバーへの指示出し、トラブルの回復など、経験値を高める。

まとめ

- 商品開発は要の業務。5年後にはプロジェクトリーダーとして大いに貢献したい。

解答例

　私はこれまで商品開発部のメンバーとして、○○や○○など様々な新商品の開発に携わってきた。5年後は、商品開発部のプロジェクトリーダーとなり、新商品の開発を手掛けたいと考えている。リーダーとしてチームをまとめ、毎年ヒット商品を生み出せるような存在になりたい。この目標を実現するために、私は次のようなことを実行していきたい。

　一つ目に、商品開発に必要な力を高めていくことである。商品開発においては、消費者が今何を求めているか、市場は今後どれくらい拡大するか、開発に当たっての技術的な裏付けはあるか、といった様々な要素を正確に掴み、企画の実現へと結びつけていく必要がある。プロジェクトリーダーはこれらのこと全般に精通しておかなければならない。そこで、私は店頭で消費者の声を聞くモニタリング調査を積極的に行っていく。また、市場分析も担当し、各種データから市場の将来規模、競合他社の動きを読む力も高めていきたい。さらに、社内の人材交流制度にも手を挙げて技術部の業務も経験し、当社のもつ基礎的な技術、研究力を十分に把握しておきたい。

　二つ目は、プロジェクトを動かす経験を重ねることである。昇進後は、まずサブリーダーとしてプロジェクトリーダーを補佐する立場となる。商品開発に当たって、リーダーにはメンバーの提案を一つにまとめるこ

と、スケジュールや予算を管理すること、他部門と折衝に当たること、などの役割が求められる。私はこうした仕事を補佐し、リーダーに求められる能力を高めていきたい。さらに、メンバーへの的確な指示の出し方、開発スケジュールが遅れた場合の対応など、様々なことを学び、経験値を高めていきたい。

　商品開発は会社の将来を左右する、要の業務である。私は、十分な自己研鑽を積み、５年後にはプロジェクトリーダーとして実績を上げ、会社に大いに貢献したい。

....

類題とその対応策について

　「あなたの将来ビジョンを述べてください」のように漠然とした聞き方もあれば、「５年後」「10年後」のように地点を定めて聞く場合もあります。後者の場合は、「５年後」「10年後」の時点にふさわしい目標、将来像を提示する必要があります。

昇進を希望する理由

面接カード等、事前提出書類で良く出るテーマ

　ここから p105 までは、面接カードなど事前提出型の書類で聞かれやすいテーマを集めています。昇進試験では事前に提出する書類に、昇進を希望する理由や自分の長所・短所などについて書くことがあります。小論文試験でも出される場合がありますので、このようなテーマについて準備しておくことは、両方の対策として有効です。

このテーマについて書く上で考えておきたいこと

　「昇進を希望する理由」は、事前に提出する書類や面接で、聞かれる可能性が高い項目です。実際には「そろそろ希望を出してはどうかと、上司に勧められた」といった理由になる場合もあるでしょうが、きちんと書類に書ける理由を考えておきます。昇進を希望する以上、「現状では満足できない何か」があるはずです。その点を書き込みます。

答案作成へ向けての材料集め

昇進を希望する理由の例

- 現在の仕事で大きな業績を上げてきた。今後は、より責任あるポジションで仕事をしたい。
- 係長として、職場をまとめるとともに、後輩の指導にも力を入れ、組織に貢献してきた。今後は、さらに大きな組織で力を発揮したい。
- 現場の業務で十分に力を発揮してきたので、今後は組織運営や経営に関わる分野でも仕事をしたい。

> 自分が昇進を希望する理由

例題
昇進を希望する理由について述べてください。

×失敗答案例

　私はこれまで主任教諭として、自らの教育力の向上に努めるとともに、研究授業や教科の勉強会を開催するなど、学校全体の教育力向上に取り組んできた。また、普段から若手教諭に対し指導、助言を積極的に行うなど、教育活動をサポートしてきた。今後は主幹教諭となって、さらに広い観点から学校運営に関わりたいと考え志望した。

↑何が問題なのか？

　これまでの自分の実績については、「私はこれまで主任教諭として……教育活動をサポートしてきた」と、良く書けています。一方、昇進後については「主幹教諭となって、さらに広い観点から学校運営に関わりたいと考え志望した」のみで終わっています。今後何をしたいのかが簡単に済まされていて、志望動機として弱いです。

答案の考え方

　「今まで仕事でこれだけのことをやってきた」「それを踏まえて今後は

こういうことをしたい」という二点について、しっかり書き込むように
します。

解答例（教員の例）

＊このテーマは事前に提出する書類に書くことが多いので、短い字数で
の例を示します。

解答例 ....

　私はこれまで主任教諭として、自らの教育力の向上に努めるとともに、
研究授業や教科の勉強会を開催するなど、学校全体の教育力向上に取り
組んできた。また、普段から若手教諭に対し指導、助言を積極的に行う
など、教育活動をサポートしてきた。今後は主幹教諭となって、さらに
広い観点から学校運営に関わり、学内の課題解決、教員の指導力向上に
取り組みたい。そのことによって、本校が目標とする「確かな学力の定
着」「活力ある学校」を実現したいと考え志望した。

....

これまでの業績

このテーマについて書く上で考えておきたいこと

　自分が自信をもって言える業績を書きます。ただし、あまり古い話は駄目で、２－３年以内の話を中心にすべきです。古い話を書いただけで終わると、それ以降は業績がないのかということになります。よほど大きな業績であれば多少昔のことを盛り込んでも良いですが、なるべく新しい話を中心にします。

答案作成へ向けての材料集め

これまでの業績の例

- 営業実績で、支店で優秀社員として表彰を受けた。
- 職場の業務改善案を提案して実施した結果、お客様の満足度が向上した。この件について、部長賞を受賞した。
- 職場の４人の後輩の育成に力を入れ、全員が課の主力社員となるまでに成長した。

　自分の業績と、それを裏付ける具体的なエピソード

例題

あなたが上げた業績について記してください。

×失敗答案例

　政策の推進に当たって市民との対話を重視し、市民目線での取り組みを進めてきた。市の事業と住民の意見が対立した時も、粘り強い交渉によって解決に導いてきた。また、係内の後輩の育成にも意欲的に取り組み、様々なことを提案して、後輩の知識・経験値を高めてきた…

↑何が問題なのか？

　漠然とした話に終始し、業績の概要に留まっています。「業績」「成果」といった出題に対しては、はっきりと目に見えることを書き込んでください。「市民目線での取り組み」「市の事業と住民の意見が対立した時」「様々なことを提案」とは、それぞれ何を指すのか明確にします。

答案の考え方

　どれくらい書く欄があるかにもよりますが、大きな欄であれば複数の話を入れるようにします。また、それぞれの業績は必ず具体的な話を入れるようにします。

解答例（公務員の例）

＊このテーマは事前に提出する書類に書くことが多いので、短い字数での例を示します。

 解答例 ⋯⋯⋯⋯⋯⋯⋯⋯⋯⋯⋯⋯⋯⋯⋯⋯⋯⋯⋯⋯⋯⋯⋯⋯⋯⋯⋯

　ゴミ処理施設の建設に当たって、市民からの反対の声が寄せられる中、粘り強い交渉を重ねて、建設開始に導いた。5回に及ぶ住民説明会の実施や町内会ごとのタウンミーティングを重ね、施設の必要性や近隣の環境に配慮した建設方法などを丁寧に説明した。その結果、反対していたすべての町内会が建設受け入れを表明することとなった。また、係内の後輩の育成にも意欲的に取り組み、毎月1回の勉強会では環境アセスメントや廃棄物関連の法改正などを取り上げて学習し、業務に必要な知識を向上させた。

⋯⋯⋯⋯⋯⋯⋯⋯⋯⋯⋯⋯⋯⋯⋯⋯⋯⋯⋯⋯⋯⋯⋯⋯⋯⋯⋯⋯⋯⋯⋯⋯⋯⋯⋯⋯

自身の強み・弱み

このテーマについて書く上で考えておきたいこと

　どのような人にも良い面、悪い面があります。また、良い面は悪い面ともなり得るし、逆もまた真なりです。例えば「リーダーシップがある」ということは良い面ですが、一歩間違えれば独善に陥ります。「決断力がない」ということは弱点ですが、見方を変えれば、「慎重に物事を判断できる」ともいえます。今後の仕事に活かす意味でも、自分自身の強み・弱みは何なのかを分析しておきましょう。

答案作成へ向けての材料集め

1　自分の「強み」の例

- 柔軟な発想ができる。職場の業務改善に関して、前例にとらわれることなく新しい提案を行い、業務の効率化を図ることができた。
- 実行力がある。設定した営業目標を、毎期確実に達成している。
- 経験値の高さ。大型プロジェクトを数多く成功に導き、人材や予算の管理の経験が豊富。
- 指導力がある。後輩に対して積極的に仕事を教えたり、改善すべき点を指摘したりしている。

自分の「強み」と、それを裏付ける具体的なエピソード

2 自分の「弱み」の例

- 慎重すぎて決断が遅れる。克服策として、決断の期限を定めその時点が来たら決断を下すようにしている。
- 失敗を引きずり、気持ちを切り替えにくい。克服策として、反省すべき点は反省し、その後は、スポーツや趣味で気持ちを切り替えるようにしている。

＊「弱み」について書くときは、上記のように、どうやってそれを乗り越えようとしているか、ということとセットにします。

> 自分の「弱み」と、それをどう乗り越えようとしているか

例題

あなたの強みと、弱みは何か、述べてください。

×失敗答案例

　私の強みは、高い実行力があり、毎期ごとの営業目標を確実に達成してきた点だ。強い意志と責任感によって、目標を実現する力がある。

　一方で弱みとして、失敗を引きずりやすい面がある。大型案件を逃した際などに、気持ちを切り替えられず、次の仕事に向けて一歩を踏み出すまでに時間がかかるときがある。このような時は、一度スポーツなどで精神をリセットし、新しい気持ちで仕事に臨むように心がけている。

↑何が問題なのか？

「強み」が簡単に済まされ、「弱み」の方が強調されています。自分をアピールするための文章ですから、何もわざわざ弱みの方を際立たせる必要はないです。

答案の考え方

「強み」と「弱み」を半々で書くか、「強み」の方をやや多めにします。自分をアピールするための書類なので、「強み」の分量を半分以下にしないようにします。スペースにもよりますが、簡単なエピソードを添えるとわかりやすくなります。

解答例（民間企業を想定）

＊このテーマは事前に提出する書類に書くことが多いので、短い字数での例を示します。

 解答例 ....

私の強みは、高い実行力があり、毎期ごとの営業目標を確実に達成してきた点だ。過去３年間では、いずれの期も120％以上の達成状況である。新規見込み客の洗い出し、営業手法の見直し、成功事例の分析等に絶えず取り組み、成約に結びつけてきた。強い意志と責任感によって、目標を実現する力がある。

一方で弱みとして、失敗を引きずりやすい面がある。大型案件を逃した際などに、すぐには気持ちを切り替えにくい。このような時は、一度スポーツなどで精神をリセットし、新しい気持ちで仕事に臨むように心がけている。

....

業務・組織・職場の課題
（指示内容が複雑な出題１）

言葉の意味を確実に押さえる

　課題とは、「解決しなければならない問題点」のことです。「あなたの職場の課題を挙げよ」と問われたら、未解決のことを書きます。「以前、職場でこういう課題があったので、私はこう解決しました」という話は、これに該当しません。なぜなら、解決してしまったのなら、それはもう課題ではないからです。そういう話は「これまでの実績」にあたります。言葉の意味をよく考えながら書きます。

このテーマについて書く上で考えておきたいこと

　昇進後は職場のリーダーとして仕事をするわけですから、当然のことながら、組織や職場で何が課題としてあるのか、どう解決していくべきかについて熟知しておかなければなりません。本書でここまでテーマとして取り上げたことと、重なる部分もあるかもしれませんが、改めて課題だと思うことを整理してください。この問題は大変出やすいです。組織全体の課題、職場環境の課題、自分の業務に関しての課題など多方面から考えておきます。

答案作成へ向けての材料集め
1　課題の例

- スタッフの教育が行き当たりばったりで、組織的にできていない。その結果、若手が育っていない。
- 会議等に時間が割かれて、労働時間短縮が進んでいない。業務の効率化が遅れている。

> 組織全体・自分の職場・業務に関しての課題

2　解決策の例

- スタッフ教育の担当者を定める。教育の年間スケジュールを作成して部署全体で共有する。座学以外のカリキュラムも取り入れるなど、内容を充実させる。
- オンライン会議の導入。メールや共有ファイルなど、IT を活用した連絡体制に切り替え、会議そのものを無くす。

> 上記の課題を、どう解決するか

例題

市場環境の変化、競争の激化など、当社の経営環境は厳しい状況に置かれている。こうした中、昨年新たな中期経営計画が策定されており、当社として、その実現へ向け全力で取り組んでいかなければならない。そこで、管理職として、業務に関しての何を課題と考えているか、また、その解決のためにどう取り組むか、他部署との連携という観点も含め、述べよ。（90分、1200字程度）

答案作成へ向けての考え方

　試験によっては、問題文が複雑な指示になっていることがあります。このような出題こそ、しっかりと問題の意味を考えるようにします。長い問題文が出ても慌てることなく、「何を聞いているのか」という基本を押さえることから始めます。

　問題文は、前半・後半に分けられます。

・前半…会社の置かれた現状の説明

　市場環境の変化、競争の激化など、当社の経営環境は厳しい状況に置かれている。こうした中、昨年新たな中期経営計画が策定されており、当社として、その実現へ向け全力で取り組んでいかなければならない。

・後半…直接的な解答の指示

　そこで、管理職として、業務に関しての何を課題と考えているか、また、その解決のためにどう取り組むか、他部署との連携という観点も含め、述べよ。

　「こういうことを書きなさい」と直接指示しているのは後半ですから、ここをまず細かく分析します。

　　１「管理職として、業務に関しての何を課題と考えているか」
　　２「その解決のためにどう取り組むか」
　　３「他部署との連携という観点も含め」

　この指示を分かりやすく説明すると、「答えるべきことは大きく分けると１、２である。ただし２を書くときに３の要素を入れなければならない」、ということです。

　答案の流れは大まかに考えると、次のようになります。
○課題の指摘「私は業務に関して、こういうことが課題だと考えている…」

○解決へ向けての行動

　「そこで、この課題を解決するために、こういうことに取り組みたい…」「その際、他部署とはこんな風に連携したい…」

○全体のまとめ

　ただし、これで一件落着ではありません。

　今回の場合、課題は何を取り上げても良いということではありません。なぜかというと、問題文の前半部分があるからです。前半部分では、わざわざ字数をとって会社の置かれた厳しい状況を示しています。ですから、それに関係するような課題を取り上げるべきです。例えばですが、「経営環境が厳しい中、徹底したコストの削減が課題である」とか、「新しく収益の柱となるような事業を生み出すことが課題」、などです。もしここで、「休暇を取りやすくするなど働きやすい職場を作ることが課題」といったことを取り上げると、出題の趣旨からズレてしまいます。「厳しい経営環境となっている中、何をすべきなのか」が、書くべきことです。そういうことまで読み込んだ上で、課題と解決策を考えます。

　また、先に挙げた答案の流れでは、業務の課題から書き始めることになっています。確かに直接聞かれていることは、業務の課題と解決策です。問題文の前半部分には「こういうことについて書け」という指示はありません。しかし前述したように、問題文の半分も使って会社のおかれた状況や中期経営計画などについて書いており、出題者の危機感が感じ取れます。そこで、「問題文の前半部分について自分がどう認識しているか」を簡単に書いた上で、課題、解決策を書くと良いです。問題文前半は直接何かを書けとは指示していないものの、「出題者の危機感を踏まえる」ということです。またそうすることによって、第二段落以降で「なぜその課題を取り上げたのか」が、わかりやすくなります。

　以上のことから、最終的な答案の流れは、次のようになります。

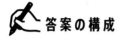

答案の構成

出題前半を受けて自分の認識を書く（前置きなので長く書きすぎない）

- 会社の置かれた状況の厳しさや中期経営計画について、自分なりに考えることを指摘する。

一つ目の課題と解決策の提示

- 私は業務に関して、一つ目に、こういう点が課題だと考えている…
- 私はその解決のために次のようなことに取り組む…

二つ目の課題と解決策の提示

- 二つ目に、こういう点が課題だと考えている…
- 私はその解決のために次のようなことに取り組む…
- ＊「他部署との連携という観点も含め」という指示があったので、取り組みの中のどこかに「他部署との連携」に関する話を入れる。

全体のまとめ

＊なお、先に課題を二つまとめて書いて、その後解決策を一つ一つ書くというやり方でも良い。

以上の流れで答案を書いてみます。

解答例（民間企業を想定）

 解答例 ....

　人口減少で国内市場が縮小し始めていることに加え、近年はネットショップが興隆しており、実店舗型の当社は厳しい戦いを強いられている。来年度には、当社商圏内に大手スーパーマーケットの進出が決まってお

り、当社を取り巻く環境は一段と厳しいものになることが予想される。中期経営計画においては「変革」が、共有すべき理念として掲げられている。経営環境が厳しくなる中、すべての社員が前例にとらわれることなく、変革の精神をもって、この危機を乗り切っていかなければならない。

　私は現在、企画課でサービス開発等の業務を担当しているが、二つの課題があると考えている。一つ目に、商圏調査に基づいた品揃えの見直しである。商品の売れ筋は年齢層、性別、家族構成、収入などによって大きく変わってくる。当社の商圏に関しては、自治体発表の大まかなデータしかなく、家族構成や収入などに踏み込んだ資料がなかった。今後の成長戦略を立てる上で、これら細部に至る情報は欠かせない。そこで私は、外部の調査会社と協力しながら、商圏住民の実像を明らかにする調査を行いたい。昇進後、私が提案してチームを作り、調査項目や手法などを決めて、商圏内の消費者像の調査を進めていく。得られた情報を元に、今後どのような商品に注力し、どのような品揃えにしていくのか、議論を重ねる。その際、課内だけではなく、店舗の現場担当者や買い付け担当者など、部署を超えてスタッフを集め意見を出し合ってもらう。これまでの常識にとらわれることなく、お客様のニーズを満たすために大胆に品揃えを見直していく。

　二つ目に、地域に密着したサービスの開発である。ネットショップでの購買が広がっているが、当社には「身近にある実店舗」という強みがある。当社はこれまで、店頭での販売のみがお客様との接点であったが、ネットショップに対抗するため、今後はこの常識を打ち破らなければならない。例えば、高齢のお客様を対象にした無料の商品配送や、家電を購入したお客様への取り付けサービスなど、地元店ならではのサービスを開発し、売り上げの向上に繋げていきたい。そのために、私は毎月一回、課員を集めた新規サービスの開発会議を開催する。若い課員にも積極的にアイディアを出すことを促し、有望な案に対しては、売り上げへの貢献度や採算などを計算した上で迅速に実行に移していく。その際、

例えば配送サービスであれば、車両を管理する運輸課とともに新サービスの体制を作り上げるなど、部署を越えた連携によって実現に導いていく。変革の精神により、これまでになかったサービスを開発していきたい。

　当社の置かれた厳しい経営環境は、変革へのチャンスでもある。私は、以上のようなことに各部署と連携しながら取り組み、当社の今後の成長に貢献していく決意である。

　第一段落では「国内市場が縮小」「ネットショップが興隆」「大手スーパーマーケットの進出」など、経営環境の厳しさを具体的に指摘しています。また中期経営計画に掲げられた理念にも触れており、問題文前半を自分なりにどう受け止めているかが書けています。

　取り組みの中では、「課内だけではなく、店舗の現場担当者や買い付け担当者など、部署を超えてスタッフを集め意見を出し合ってもらう」「車両を管理する運輸課とともに新サービスの体制を作り上げる」など、「他部署との連携という観点」もきっちりと盛り込まれています。

類題とその対応策について

　「職場の課題を挙げよ」「当社の課題を挙げよ」といった出題もあります。「職場の課題」の場合は、職場内に限定した課題にします。「当社の課題」の場合は、会社全体の課題にします。どちらか指定せず単に「課題を挙げよ」という指示もあります。この場合はどちらを書いても間違いではありませんが、身近な職場の課題の方が、書きやすいと思われます。

自己啓発、自己の成長
（指示内容が複雑な出題2）

言葉の意味を確実に押さえる

　「自己啓発」とは、自分の能力や意識を高めていくことです。ですから、仕事として当然やるべきことを書いても仕方ありません。「自己の成長」にしても、ちょっとした変化ではなく、「これくらい自分は伸びたのだ」と自信を持って言えることを書きます。

このテーマについて書く上で考えておきたいこと

　職場のリーダーは、他の人の模範となるべき存在です。日々の業務で手一杯になるのではなく、どれだけ意識的に自分を高めてきたかをアピールしなければなりません。この出題は、面接カードや面接そのものでも聞かれる可能性が高いですから、自分がどう伸びてきたのかについて考えておきます。

答案作成へ向けての材料集め
1　自己啓発、自己の成長に向けて取り組んだ例

- 業務で活用できる資格を取得した。
- 社内の勉強会、研修に自分から進んで参加した。業務に関しての知識を積極的に増やしていった。
- 高い目標を設定して、達成へ向け取り組んだ。

　　　　自己啓発、自己の成長に向けて取り組んだこと

2　それによって得られた成果、波及効果の例

- 資格の取得によって、新たに〇〇や〇〇の業務ができるようになった。仕事の幅が広がった。
- 勉強会で学んだことを、現場で活かすことができた。今まで対処できなかったことにも、スムーズに対処できるようになった。
- 目標達成によって組織の業績に貢献ができた。成功事例を職場全体で共有し、他の人のスキルアップにも繋げた。

　　　　自分自身が得られた成果、波及効果の例

例題

あなたは、これまでどのように自分自身を高め、成長させてきたか、その背景についても触れながら述べてください。また、それによってどのような成果が生まれたか、周囲にどのように還元しているかについても述べてください。(90分、1200字程度)

答案作成へ向けての考え方

　この出題も指示が複雑になっていますが、一つ一つ解きほぐしていきます。聞かれていることを整理すると次のようになります。

　○問題文前半

　1「これまでどのように自分自身を高め、成長させてきたか」

　2「その背景についても触れる」

　○問題文後半

　3「どのような成果が生まれたか」

　4「周囲にどのように還元しているか」

　大きく分けると、問題文前半では「自分を高めるために努力した内容」を聞き、問題文後半では「成果と周囲へ還元した内容」を聞いていることが分かります。ただし、「自分を高めるための努力」を書く際には、「背景部分」、すなわち「なぜそのようなことに取り組んだのか」についても書き添えなければなりません。

　自分を高め、成長させたエピソードは一つ挙げても、複数挙げても構いません。以下で、二つ挙げる場合の構成例を示します。

 答案の構成 ……………………………………………………………

自分を高め、成長させた話・一つ目

• 私はこんなことをやって自分を伸ばしてきた…（その背景にはこういうことがあったからだ）

- それによってこんな成果があった…
- 周囲にはこのように還元している…

自分を高め、成長させた話・二つ目

- 私はこんなことをやって自分を伸ばしてきた…（その背景にはこういうことがあったからだ）
- それによってこんな成果があった…
- 周囲にはこのように還元している…

まとめ

....

　三つ目の話がある場合は、もう一つ柱を作ります。

　なお、答案の前半で、自分を高めた話をまとめて書き、後半で成果等についてまとめて書くというやり方もあります。

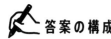 **答案の構成** ....

自分を高め、成長させた話

- 一つ目に、私はこんなことをやって自分を伸ばしてきた…（その背景はこうだ）
- 二つ目に、私はこんなことをやって自分を伸ばしてきた…（その背景はこうだ）

成果と還元

- それによってこんな成果があった…
- 周囲にはこのように還元している…

まとめ

....

　この書き方も可能です。ただ、この書き方は「自分を高め、成長させた話」と「成果と還元の話」が離れてしまうのでわかりにくくなる場合があります。特に、「自分を高め、成長させた話」が三つ、四つと出てくる場合は「成果と還元の話」と、どんどん離れていくので注意が必要です。

解答例（民間企業を想定）

解答例 ···

　私はこれまで自己を高め、成長させることに意欲的に取り組み、組織への貢献を果たしてきた。私が力を入れて取り組んだことは、主に次の二点である。

　一つ目に、業務で活用できる知識、能力の積極的な向上である。私は以前、営業活動をする中で、お客様からの質問に十分に答えることができず、知識の不足を痛感した経験がある。そこで、私は業務で活用できる知識を高め、お客様に自信を持って提案できるようになろうと、○○の資格を取得することを目標にした。仕事との両立は容易ではなかったが、通勤電車の中を、参考書を読む時間として活用したほか、「寝る前の二時間は勉強」と時間を決めて集中的に取り組み、資格を取得することができた。また、最近では業務で英文の資料に触れる機会も多いことから、英語力を向上させる必要があると感じ、英語の勉強にも励んでいる。日常的に英字新聞に目を通して英文の読解力を鍛えているほか、英語のニュースの視聴を習慣づけている。

　こうした努力の結果、業務についての知識の幅が広がり、お客様から複雑な質問をされた際も自信を持って答えることができるようになった。お客様からの信頼が高まり、次第に指名してくださる方が増えるようになった。また、英語力を高めた結果、複雑な英文の資料も読み込なせるようになった。このことも業務上の知識の向上に繋がり、営業活動の中で活かすことができている。私が得たさまざまな知識は、周囲の人にも積極的に還元している。これまでに、商品や海外市場の動向についての勉強会を三回開催し、職場のスタッフのスキルアップに貢献している。

　二つ目として業務に対して高い目標を立てて達成してきたことである。入社数年目の頃、業績を伸ばしている先輩方を観察すると、全員が高い目標を自分に課していることに気付いた。日々の仕事に追われていると、それをこなすだけで精一杯になりがちだが、意識的に高い目標を

立てて挑戦していくことの重要性に気付かされた。そこで私は、「支社内で最優秀社員の表彰を受ける」ことを目標にして、営業活動に力を入れた。窓口を訪れたお客様に対して、後日改めて電話をかけて商品をお勧めすること、新商品の情報をこまめにお伝えすることに力を入れた。また、信頼関係を築いた得意客には他のお客様の紹介をお願いするなど、顧客を積極的に広げていった。

　その結果、業務成績が伸びるようになり、一昨年と昨年の二回、支店の最優秀社員に選ばれた。また、顧客獲得のスキルは自分だけの中に留めず、営業会議の場で新規顧客獲得に至った経緯を報告している。ノウハウを職場全体で共有し、他のスタッフに役立ててもらっている。

　このように私は、積極的に自己の力を伸ばして成果を上げ、得られたものは周囲に還元してきた。昇進後は、これまで以上に、自他の成長を目指して努力する決意である。

　この答案の第二段落から第三段落を見ると、

1　どのように自分自身を高め、成長させてきたか…資格取得と英語力の向上
2　その背景についても触れる…「お客様からの質問に十分に答えることができず、知識の不足を痛感した」「最近では業務で英文の資料に触れる機会も多いことから、英語力を向上させる必要がある」
3　どのような成果が生まれたか…「お客様からの信頼が高まり、次第に指名してくださるお客様が増えるようになった」「業務上の知識の向上に繋がり、営業活動の中で活かすことができている」
4　周囲にどのように還元しているか…「勉強会を三回開催し、職場のスタッフのスキルアップに貢献」

　このように、出題の指示にきっちりと答えていることが分かります。

答案後半の「業務に対して高い目標を立てて実行してきた」の部分についても同様です。

1　どのように自分自身を高め、成長させてきたか…業務に対して高い目標を立てて達成してきた
2　その背景についても触れる…「業績を伸ばしている先輩方を観察すると、全員が高い目標を自分に課していることに気付いた」「意識的に高い目標を立てて挑戦していくことの重要性に気付かされた」
3　どのような成果が生まれたか…「業務成績が伸びるようになり、一昨年と昨年の二回、支店の最優秀社員に選ばれた」
4　周囲にどのように還元しているか…「ノウハウを職場全体で共有し、他のスタッフに役立ててもらっている」

　出題内容が複雑な場合は、出題の指示を分解し、一つ一つ確実に答えながら書いていくようにします。

類題とその対応策について

　似たようなニュアンスの出題が多いので、その言葉の意味するところをよく考えます。
　「自己の成長」「自己の向上」…広い意味で使えます。業績、経験値、能力が伸びたことなどを書きます。
　「自己啓発」…業績を伸ばしたということではなく、能力や意識を高めることを書きます。例えば資格を取って業務の幅を広げたなど。
　「自己改革」…「改革」とあるように、「今までとどう変わったか」を書くことが必要です。例えば業務の進め方をこんな風に大きく変えて成果を上げたなど。

昇進後に取り組みたいこと（設問が複数に分かれている出題）

このテーマについて書く上で考えておきたいこと

　出題頻度が高いテーマです。昇進は新たなスタートラインとなります。昇進したらどんなことに取り組みたいのか、職場環境、業務内容、人材育成など様々な面から考えておく必要があります。

答案作成へ向けての材料集め

取り組みたいことの例

- 業務の改善に積極的に取り組みたい。仕事の手順、手続きの方法などを見直して効率化していく。
- 新商品の開発に力を入れる。従来の商品からターゲットとなる世代を変え、新しい顧客層を開拓できるような商品を開発する。
- 若手の育成に積極的に取り組んで、課内のスキルアップを図る

> 自分が昇進後取り組んでみたいこと（具体的な方策まで書くこと）

例題

少子化の進行や国からの助成金の減少など、大学経営はかつてないほど厳しい状況を迎えています。こうした中にあって、すべての職員が、本学のさらなる発展のため、高い改善意欲を持って日々の業務に取り組んでいかなければなりません。そこで、以下の2つの問に答えてください。

(1) あなたは昇進後どのようなことに取り組みたいか、理由とともに述べなさい。

(2) (1)で挙げたことについて、昇進後どのように実行していくか、スケジュールも含めて述べなさい。(90分、1200字程度)

答案作成へ向けての考え方

　この出題はこれまでとは幾分形式が違います。前半で大学の置かれた状況を説明した後、後半で（1）（2）に分けて出題しています。「問題で聞かれていること」をあらかじめ整理してくれているわけで、親切な出題といえます。この場合はそれぞれの問にダイレクトに答えます。

　(1)は、「昇進後どのようなことに取り組みたいか」と「理由」の二点を書きます。

　(2)は、「昇進後どのように実行していくか」を書きますが、その際「スケジュールも含め」て書くように指示されていることに注意します。

　なお、問題文前半で、経営環境の厳しさについて言及があります。このことも意識しながら答案を書いていきます。

　例えば、次のような構成の仕方です。

 答案の構成 ••

(1)について

• 私は昇進後こういうことに取り組みたい…

• その理由はこうだ…

⑵について

- その実現のために具体的にこういうことをやっていく…
- ○カ月以内にこれを実行する…
- ○年以内にこれを実行する…

  ＊どういうスケジュールで実行するのか、という要素を盛り込む。

・・・

解答例(大学職員の例)

 解答例 ・・・

⑴　私は昇進後、本学の認知度を高め、受験生に選ばれる大学を実現すべく取り組んでいきたい。その理由として、本学では数年前から一部の学部で定員割れが生じており、受験生の確保が急務となっているからだ。国内では18歳人口の減少が続いているが、少子化の進行からこの数値は今後も大きく回復する見込みはない。一方で毎年大学・学部は各地で新設されており、大学間の競争が一段と熾烈になっている。受験生の減少は、大学の財政に直結する重大な問題である。私は、これまでの大学の広報のあり方を見直し、本学の魅力を受験生や高校関係者に積極的に伝えていく体制を作っていきたい。

⑵　⑴の実現へ向けて、まず、高校への訪問活動を強化する。これまで本学では地盤となる近畿地区の高校の訪問が中心であったが、対象エリアを東海地区、首都圏などにも広げていく。来年度はまず東海地区に着手し、訪問先の洗い出し作業や、担当者の割り当てを行っていく。首都圏での訪問活動は、準備を整え再来年度に実行に移したい。また、これまで訪問活動を行ってきた近畿圏内では、実業系の高校にも間口を広げ、接点を増やしていきたい。高校訪問で大学をPRする際は、多様な入試制度の他、本学の魅力を数値化しわかりやすく伝えていく必要がある。例えば学生の満足度、学生と教員の比率、各種資格試験の合格率など、

本学の魅力が伝わる情報を集めた資料を作って、進路指導の担当者に伝えていく。これらの情報は大学のウェブサイトでも積極的にアピールしていく。こうした情報面を充実させる作業については、昇進後すぐに取りかかりたい。

　次に、オープンキャンパスの充実に取り組みたい。オープンキャンパスは受験生が大学と直接接する機会である。オープンキャンパスでの満足度が高かった受験生は、実際に本学を受験する確率が高いということが、アンケートの追跡調査からも明らかになっている。そこで、オープンキャンパスの満足度を高めていくために、これまで以上に内容を充実させていく。例えば、当日見学できる授業や実験を増やして、受験生の関心を高めていく。他にも、教員や学生との懇談会を開催し、授業や大学生活についての疑問点などを気軽に質問できるようにしたい。さらに、遠方の学生に参加してもらうために、オンラインでのオープンキャンパスを実施したい。例えばオンラインで学内見学ツアーに参加したり、大学の授業を見学したりできるようにする。これらの取り組みは、学内での調整を図ったうえで、来年度のオープンキャンパスから実行に移していきたい。

　少子化が進む中、大学経営は大きな岐路に立っている。私は昇進後、以上のことに意欲的に取り組み、多くの受験生から選ばれる大学を実現したい。

・・・

注意点

　(2)では「スケジュールも含め」という指示があることに留意し、各取り組みをいつまでに実行するのかを書き込んでいます。

　また、このテーマに限ったことではありませんが、取り組み内容はこれくらい具体的に書かないといけないです。

類題とその対応策について

　「昇進後何を成し遂げるか」「昇進後どう行動するか」などの聞き方があります。基本的には、同じことを聞いていると考えてよく、「こういうことをやりたい」という話を書きます。

第3章

行政の抱える
課題についての
出題
（資料なし）

学習を進めるにあたって

　この章で扱うテーマは公務員の昇進試験で出題されることがあります。一部の自治体で取り入れられています。行政の抱える課題の中で、主なものや特徴的なものを紹介し、答案の書き方を解説します。

　意味が分かりにくいテーマについては「**言葉の意味を確実に押さえる**」の項目を設けて、その意味内容を詳しく説明しています。

　「**このテーマについて書く上で考えておきたいこと**」では、予備知識として知っておきたいこと、学習する上で気をつけたいことなどを簡単にまとめています。

　「**答案作成へ向けての材料集め**」では、答案を書くときに使えそうな材料を提示しています。空欄になっているところは、自分自身で記入します。自分の自治体の状況を踏まえ、問題点や取り組みとして考えられることを書き込んでください。

　「**失敗答案例**」では、ありがちな失敗例を示しています。

　「**答案の下書き作成**」では、下書きを作る手順とその作成例を示しています。箇条書きで論点を整理すると、話が組み立てやすくなります。

　「**解答例**」は、最終的に完成した答案の例を示しています。答案作成の際の参考にしてください。

　「**類題とその対応策について**」では、関連する出題の例と、その対処法を解説しています。

財政問題

このテーマについて書く上で考えておきたいこと

　どの自治体も財政状況は苦しく、その持続可能性が大きな課題となっています。自治体全体としてどうすべきなのか、自部署では何ができるのか、どちらのスタンスで問われても答えられるように材料を用意しておきます。

答案作成へ向けての材料集め

1　問題の背景に関わること

- 人口の減少に伴い、税収の減少が始まっている。今後も税収の伸びは期待できない。
- 高齢化に伴う福祉費用の増大、老朽化した施設の維持管理など、費用負担が大きくなっている。
- 子育て支援や、産業の振興など未来へ向けての投資も必要。

2　自分の自治体や職場の問題点

例）「生産年齢の人口が少なく、税収の基盤が弱い。購入した備品や設備が無駄になっているケースがある」など。

　自分の自治体の問題点

　自分の部署の問題点

3 取り組み内容の例

- 不要な事業、費用対効果の低い事業の廃止、見直し。
- 新しい施設の建設ではなく、既存の施設の延命でコストを浮かす。
- 備品を大切に使う、古いものを再利用するなど、日常の中で、職員がコスト意識を持った行動をする。
- ボランティア、NPO など外部の力を活用しながら政策を進めていく。
- 産業の振興、移住者の受け入れなど、税収を増やしていく策に取り組む。
- 行政の広報誌・ウェブサイトへの広告の募集、公共施設のネーミングライツ売却など、新たな収入源を考えていく。

そのほか、自分の自治体で実践できそうな取り組み

自分の部署で実践できそうな取り組み

例題

税収が減少する中、歳出の抑制や市政の効率化に取り組んでいくことが求められています。そこで、市としてこのことにどう取り組んでいくべきか、論じなさい。(90分、1200字程度)

×失敗答案例

　生産年齢人口の減少に伴い、本市の税収は5年連続の減少となり、大変厳しい状況となっている。一方で、高齢化に伴う費用負担の増加など、

歳出は増加していく可能性がある。本市においては徹底した歳出の見直しなどに取り組み、財政を持続可能なものとすることが強く求められている。そこで、昇進後私は主任として次のようなことに取り組んでいきたい。

　まず、部署内のスタッフを集め、経費削減へ向けてのアイディアを出し合っていく。この会議は月に１回の開催とし、私自身が司会進行を行う。会議では各人のアイディアを否定せず、どうすれば実行できるかという観点から前向きに議論していく……

↑何が問題なのか？

　この解答は「主任個人として何に取り組むか」という書き方になっています。しかし、出題は、「市として」という聞き方をしています。この出題に対し個人的な取り組みを書くと、視野の狭い解答になってしまいます。

答案の下書き作成

- 出題の指示を押さえる…「歳出の抑制や市政の効率化に、市としてどう取り組んでいくべきか」これが聞かれていることです。「市として」という指示なので、市全体で取り組むべきことを書きます。
- 答案の考え方…冒頭で簡単に問題の背景を押さえ、その後取り組みを書いていきます。

下書き ……………………………………………………………………

問題の背景

- 本市の税収は５年連続の減少となり、大変厳しい状況
- 将来的にも税収の伸びは期待できない。
- 一方で、歳出は増加していく可能性がある。
- 財政を持続可能なものとすることが求められている。

取り組みの内容

〇一つ目、既存の施設を積極的に活用。

• 本市では高度成長期に建設された施設が多い。耐震補強や修繕を施した上で、延命措置をとる。

• 民間の既存の施設も活用していく。

• 高齢者や子育て世代の支援サービスを始めるに当たって、商店街の空き店舗を活用。

〇二つ目、各職員に歳出削減や効率化への意識をもたせる。

• ミーティングや研修で各職員の日常的な取り組みを求めていく。

• 事業の見直しの提案、設備や備品などは大切に使うこと、など。

〇三つ目、市民の力を市政に活かす。

• 学習指導、行事、課外活動などの補助をしてくれるボランティアを募集、単身の高齢者世帯の見守りを町内会に協力してもらう、公園の清掃をボランティアにお願いするなど。

まとめ

本市の財政は今後も厳しい。効率的な行政を実現すべきである。

 解答例

　生産年齢人口の減少に伴い、本市の税収は5年連続の減少となり、大変厳しい状況となっている。昨年発表された本市の「21世紀未来ビジョン」によれば、人口の減少、高齢化は一段と進行していく予測となっており、将来的にも税収の伸びは期待できない。一方で、高齢化に伴う費用負担など、歳出は年々増加していく見込みである。こうしたことから、本市においては徹底した歳出の見直しなどに取り組み、財政を持続可能なものとすることが強く求められている。そこで、市として次のようなことに取り組んでいくべきである。

一つ目に、既存の施設を積極的に活用して市の歳出を抑えていくことである。本市では高度成長期に建設された施設が多く、今後本格的な老朽化に直面することとなる。このような場合に建物を取り壊して新たに建設するというやり方ではなく、耐震補強や修繕を施した上で、延命措置をとるという方法を積極的に検討すべきである。また、民間の既存の施設も必要に応じて活用していくべきである。例えば、高齢者や子育て世代の支援サービスを始めるに当たって、商店街の空き店舗を拠点として活用するといったことが考えられる。このようなやり方を取り入れて、歳出を抑えながら市民サービスを維持していくべきである。

　二つ目として、市役所内で働く職員に歳出削減や効率化への意識をもたせることが必要である。各部署で開くミーティングや研修を通して本市の財政が厳しい状況にあることを理解させ、職員の日常的な取り組みを求めていく。例えば不要な事業、費用対効果の低い事業の廃止や見直しの提案をすること、普段から市の設備や備品などは大切に使うこと、机や椅子などは古い備品を再利用して少しでも経費削減の努力をすることなどを伝えていく。また、そのような行動を取ったものを上司が評価していくべきである。

　三つ目として、ボランティア、町内会など、市民の力を市政に活かして歳出を抑制していくことである。学校に要員を手厚く配置すること、高齢者の見守り活動をすること、子育て支援サービスを拡充することなど、行政には様々な課題がある。一方で、予算は限られている。そこで、これらの解決のために積極的に市民の力を活用していくべきである。例えば、学校で学習指導、行事、課外活動などの補助をしてくれるボランティアを募集する、単身の高齢者世帯の見守りを町内会に協力してもらう、などである。このほか、公園の清掃など、従来は業者に委託していたことも、ボランティアに協力をお願いするなど、市民の力を活かしていくことが求められる。

　本市の財政状況は、今後一層厳しいものとなることが予想される。市として以上のことに取り組み、歳出を抑えた効率的な行政を実現すべき

である。

．．

類題とその対応策について

　今回は、「歳出の抑制・効率化」がテーマですから、歳出を抑えることに着目して書いています。「財政の健全化」「財政の持続可能性」といった出題の場合は、今回の出題と違い、「歳出の削減」と、「歳入の増加（企業の誘致、人口を増やす策など）」両面から書くことができます。

誰もが暮らしやすい街

このテーマについて書く上で考えておきたいこと

　「ダイバーシティ」という言葉を良く聞くようになりました。一つの街には高齢者、障害者、外国人、LGBTの人などさまざまな立場の人が暮らしています。各人の置かれた立場にかかわらず、誰もが暮らしやすい街を実現することが求められています。

答案作成へ向けての材料集め
1　問題の背景に関わること
- 高齢化の中で、年齢を重ねてもいきいきと暮らせる街を作る必要がある。
- 障害者が地域の中で当たり前に暮らせるような社会の実現が求められている。
- 外国人住民が増える中、外国人にも配慮したまち作りを考える必要がある。
- LGBTの人達を意識した政策も求められる。
- 多様な人が暮らしていることを前提に、誰もが暮らしやすい街を作らなければならない。

2　自分の自治体の問題点
例）「公共施設のバリアフリー化が進んでいない。窓口対応などで、外国人住民に対応できていない」など。

自分の自治体の問題点

3　取り組み内容の例

- 役所の施設のバリアフリー化を推進する。病院や駅などのバリアフリー化に対しての助成制度を充実させる。
- 高齢者や障害者に対しての就労支援を充実させる。
- 役所での手続きの案内、街の標識などについて、多言語で表記する。視覚障害者向けの案内板を増やす。

そのほか、自分の自治体で実践できそうな取り組み

障害者が暮らしやすい街を実現することが求められています。行政として、このことにどのように取り組んでいくべきか、考えを論じてください。(90分、1200字程度)

×失敗答案例

　近年、障害者が地域で当たり前に暮らし、積極的に社会参加していくことが求められている。そのために障害者の日常生活上のバリアを取り除き、暮らしやすい街を実現することが必要である。具体的には次のことに取り組んでいくべきである。

　まず街のバリアフリー化と市民への啓発活動である。バリアフリーについては、市内の一部の駅やバスが対応できていない。そこで、事業者が改修工事をする際の助成制度を充実させ、バリアフリーを推進していくべきである。また、市民に対しての啓発活動を進め、共生社会への理解を広げていく必要がある。例えば、障害者の地域での暮らしについてのシンポジウムを開催したり、市の広報誌において、共生社会についての記事を積極的に掲載したりすることである。

　次に……

↑何が問題なのか?

　第二段落には、「街のバリアフリー化」と「市民への啓発活動」という全く違う概念の取り組みが二つ入っています。これではまとまりを欠きます。一つの段落に書くことは、ワンテーマに絞ります。

答案の下書き作成（公務員の例）

- 出題の指示を押さえる…「障害者が暮らしやすい街の実現にどのように取り組んでいくべきか」この点に正面から答えます。
- 答案の考え方…冒頭の段落で「障害者が暮らしやすい街」が求められている背景に触れたあと、第二段落以降で取り組みを挙げ、最後の段落でまとめます。

 下書き ···

問題の背景

- 障害者が地域で当たり前に暮らし、社会参加していくことが求められている。
- 障害者の日常生活上のバリアを取り除くことが必要。
- 「第7期総合計画」では「障害の有無にかかわらず誰もが生きやすい社会」が目標。
- 行政として力を入れていかなければならない。

取り組みの内容

○一つ目、ハード面の環境整備。街のバリアフリー化。
- 駅やバスの改修工事をする際の助成制度を充実させる。
- 住宅の確保のため、市営住宅のバリアフリー化。グループホームとして利用できるようにする。

○二つ目に、ソフト面での支援を充実させる。就労支援として、企業に対しての研修、必要な設備等についての助成制度を充実させる。
- 相談事をワンストップで対応する窓口を作る。

○三つ目に、心理的なバリアを取り除いていく。市民に対しての啓発活動。
- シンポジウムを開催、市の広報誌においても問題提起をする。
- 美術展、スポーツ大会などの開催、後援。

まとめ

●多面的な取り組みが必要。以上のことに積極的に取り組んでいくべき。

 解答例

　近年、障害者が地域で当たり前に暮らし、積極的に社会参加していくことが求められている。そのために、障害者の日常生活上のバリアを取り除き、暮らしやすい街を実現することが必要である。本市の「第7期総合計画」においても、「障害の有無にかかわらず誰もが生きやすい社会」が目標として掲げられており、行政としてその実現へ向け積極的な施策を打ち出すことが求められる。具体的には、次のことに取り組んでいくべきである。

　一つ目に、ハード面の環境整備である。まず街のバリアフリーを一層進めていく必要がある。市役所や図書館など、市が運営する施設については スロープやエレベーターの設置が終了しているが、民間事業者が運営する市内の一部の駅やバスはバリアフリーに対応できていない。そこで、事業者が改修工事をする際の助成制度を充実させ、バリアフリーを推進していくべきである。また、障害者が地域で暮らす際に、住宅の確保が大きな課題となっている。そのため、市営住宅のバリアフリー化に力を入れていく必要がある。市営住宅の一部で改修工事を行ってグループホームとして利用できるようにし、必要とする団体に紹介する。障害者の住まいの確保へ向けて、取り組んでいくことが求められる。

　二つ目に、ソフト面での支援を充実させていくことである。中でも、就労支援は障害者の社会参加や自立に繋がるものであり、大変重要である。例えば、障害者を雇用したいと考えている企業に対して受け入れ体制を作るための研修を行う、必要な設備等についての助成制度を充実させるなどして、雇用数を増やしていくことが必要だ。また、就労や日常

生活の中で相談事があった場合に、行政がワンストップで対応する窓口を作るなど、障害者の暮らしを支援する体制を充実させていくべきである。

　三つ目に、心理的なバリアを取り除いていくことである。障害者が地域で暮らしていく上では、周囲の人の理解や協力が大切である。そこで、行政が市民に対して啓発活動を進め、共生社会への理解を広げていく必要がある。例えば、障害者の地域での暮らしについてのシンポジウムを開催したり、市の広報誌において、共生社会についての記事を積極的に掲載したりする、といったことに取り組んでいくべきである。このほか、障害者の作品を展示した美術展、障害者スポーツ大会などを開催することも、共生社会への理解を深める機会となる。こうしたイベントを市が開催、あるいは後援するなどして、市民の関心を広げていくべきである。

　障害者が暮らしやすい街の実現には、多面的な取り組みが必要となる。行政として、以上のことに積極的に取り組んでいくべきである。

類題とその対応策について

　「高齢者が暮らしやすいまち作りをどう進めるか」「外国人との共生をどう進めるか」など、立場の弱い人や少数者への配慮を考えさせる出題の他、「若者や子育て世代を惹きつけるような、魅力的な街づくりを進めるためには」など、人口増加・活性化の観点から聞く出題も考えられます。後者の場合は雇用の確保、子育て支援策の拡充など、周辺から人が集まってくるような方策を書きます。

災害対策

このテーマについて書く上で考えておきたいこと

　地震、水害、大雪などの自然災害は毎年発生しています。地域によって力を入れて取り組むべき災害は違うので、自分の自治体の実情に合った問題提起、解決策の提示を考えておきます。

答案作成へ向けての材料集め

1　問題の背景に関わること

• 巨大台風、ゲリラ豪雨など、近年大きな自然災害が多発している。

• 首都直下地震、南海トラフ地震など巨大地震の発生が差し迫っている。

• 行政は住民の生命・財産を守る立場として、想定外という事態をなくしていかなければいけない。

2　自分の自治体の問題点

例）「南海トラフの震源域に近く、地震発生から津波の到着までの時間が短い。昨年の豪雨で従来の想定を越えた被害が出た」など。

> 自分の自治体の問題点

3　取り組み内容の例

• 被害想定を見直し、防災計画を練り直す。それに基づいた堤防のかさ上げなどの対策を進める。

- 個人宅の耐震補強の助成制度を周知し、対応を促す。
- 災害時に外国人住民・観光客に対しての多言語での情報発信を強化する。
- 防災リーダーの育成など、共助の部分を強化する。

> そのほか、自分の自治体で実践できそうな取り組み

例題

様々な災害の危険が迫る中、地域の防災力が注目されています。地域の防災力の意義について指摘した上で、どのようにしてそれを高めていくか論じてください。（80分、1000字程度）

×失敗答案例

　大災害が発生すると、行政からの支援だけでは限界がある。このため、地域に住む人達が協力しあって災害に対処することが被害を減らす上で重要になる。本市では、近い将来起こる南海トラフ地震によって、大きな揺れに見舞われ市内全域で被害が出ることが予測されている。減災へ向けて、地域の防災力が果たす役割は大きい。これを踏まえ、地域の防災力向上のために、次のようなことに取り組んでいくべきである。

　まず、地域の消防団員を増やし、活動体制を強化することである。消防団は地域防災の核となる存在だが、現実には高齢化によって担い手が減少している。そこで、団員を増やしていくために、行政としても部署

間の連携を密にし、真摯に取り組んでいくべきである。特に若い世代の入団を増やしていくことが大切だ。若い世代に、防災に関心を持ってもらえるような行事を開催して、入団するきっかけを増やしていくべきである。

↑何が問題なのか？

取り組みの内容が、もう一歩踏み込めていません。「団員を増やしていくために、行政としても部署間の連携を密にし、真摯に取り組んでいくべき」「若い世代に、防災に関心を持ってもらえるような行事を開催」とは、具体的に何をするのでしょうか。こういった部分をもう一言具体的にして書いていきます。

答案の下書き作成

- 出題の指示を押さえる…「地域の防災力の意義について指摘する」「どのようにしてそれを高めていくか」この二点に答えることが目的です。
- 答案の考え方…第一段落で「地域の防災力の意義」を押さえた後、第二段落以降で「地域の防災力を高める方策」を述べて、最後にまとめの段落をつけます。

下書き ....

地域の防災力の意義

- 大災害発生時は行政からの支援だけでは限界がある。
- 地域の人達が協力しあうことが被害を減らす上で重要。
- 近い将来起こる南海トラフ地震によって、市内全域で被害が出る。
- 減災へ向けて、地域の防災力が果たす役割は大きい。

取り組みの内容

○一つ目、地域の消防団員を増やす。消防団は地域防災の核だが、担い手が減少。

- 消防団の活動を積極的にPRし、住民の消防団への関心を広げる。
- 若い世代の入団を増やしていく。大学や専門学校などで地域防災力について考えるセミナーを開催。
○二つ目、住民の自主的な防災活動を支援し、その輪を広げる。
- 地域の防災組織に対し、運営費や必要な備品等の助成、活動の助言。
- リーダーとなって牽引する人を育てる。地域の防災力の意義や災害時の行動などについて学ぶ講習会を開催。
○三つ目、日常的な住民同士の繋がりを強める。
- 地域の助け合いの活動を行う団体に対して経費等を助成する。地域住民の関係性を強めていく。

まとめ

- 大災害は明日起こっても不思議ではない。地域の防災力が機能する街を作っていくべき。

解答例

　大災害が発生すると被害が広範囲にわたり、行政からの支援だけでは限界がある。このため、被害を減らす上では、地域に住む人達が協力しあって災害に対処することが重要になる。本市では、近い将来起こる南海トラフ地震によって、大きな揺れに見舞われ市内全域で被害が出ることが予測されている。減災へ向けて、地域の防災力が果たす役割は大きい。これを踏まえ、地域の防災力向上のために、次のようなことに取り組んでいくべきである。

　まず、地域の消防団員を増やし、活動体制を強化することである。消防団は地域防災の核となる存在だが、高齢化によって担い手が減少している。そこで、団員を増やしていくために、行政の広報誌やSNSを使って消防団の活動を積極的にPRし、住民の消防団への関心を高めていく

必要がある。また、若い世代の入団を増やしていくことも大切だ。例えば、大学や専門学校などで地域防災力について考えるセミナーを開催するなど、若い世代が防災に関心を持ち入団するきっかけを増やしていくべきである。

　次に、住民の自主的な防災活動を支援し、その輪を広げていくことである。例えば町内会や住民有志によって結成された防災組織に対し、運営費や必要な備品等を助成していくこと、地域で防災計画を策定する際に方法等を助言、といった支援をしていくべきである。また、このような自主的な防災活動を広げていくためには、リーダーとなって牽引する人の存在が求められる。行政が主催して、地域の防災力の意義や災害時の行動などについて学ぶ講習会を開催するなど、防災活動の中心となる人材を育成していくべきである。

　さらに、日常的な住民同士の繋がりを強めていくことも必要である。マンションなどに住んでいると、隣の人の顔も名前も知らないということが珍しくない。住民同士の関係が希薄であると、いざという時に助け合いの精神が働かない。そこで、一人暮らしの高齢者の見守りなど、地域で助け合いの活動を行う団体に対して経費等を助成すると良い。地域の見守り、声かけなどを活発にして、地域住民の関係性を強めていくべきである。

　大災害は時を選ばず、明日起こっても不思議ではない。行政として、以上のことに力を入れ、地域の防災力が機能する街を作っていくべきである。

類題とその対応策について

　今回の例題のように、何を書くか指示をはっきりと示している出題がある一方で、「防災対策について」のように漠然とした出題もあります。この場合は、その自治体では何に力を入れて取り組むべきなのか（地震対策、水害対策など）を明確にして書くと良いです。

環境問題

このテーマについて書く上で考えておきたいこと

　一口に環境問題といっても、大気や水質の保全、ゴミの減量、景観保護など様々な分野があります。最近、社会的に大きな課題になっているのは温暖化対策、プラスチックごみの削減などです。主な環境問題についての要点をまとめておきましょう。

答案作成へ向けての材料集め

1　問題の背景に関わること

- 記録的な猛暑、巨大台風の襲来など、地球温暖化の影響が現実のものとなってきている。日本としても地球温暖化の大きな要因である CO_2 の削減が求められている。
- 自然界で分解されにくいプラスチックが大量に使用され、土壌や海洋中に廃棄されている。
- 家庭や事業所からの食品ロスが大量に生まれ、自治体のごみ処理の負担になっている。
- 環境問題に取り組むことは、住民の暮らしと安全を守る行政の責任。

2　自分の自治体の問題点

例）「市民や事業所の間で CO_2 削減への意識が高まっていない。ごみの分別が徹底されておらず、ごみ処理の大きな負担になっている」

3　取り組み内容の例

- CO_2 削減やごみの分別の徹底、食品ロスを減らすなどの意識を高めるための啓発活動を行う。行政のメディアを使った PR や、環境問題についてのセミナー、ワークショップの開催など。
- CO_2 を減らしたり、エネルギー効率を高めたりする設備投資に対する助成制度の導入。
- 役所の施設で太陽光発電を導入したり、屋上の緑化に取り組んだりする。
- 環境問題に取り組む NPO 等への助成。
- ごみ処理施設の見学など、学校での環境教育を推進する。

そのほか、自分の自治体で実践できそうな取り組み

例題

ゴミの減量を進めていくために市民の意識をどう高めていくか、考えを述べなさい。（80分、1000字程度）

×失敗答案例

ごみ処理は自治体にとってどのような問題があるだろうか。それは費用負担である。焼却処分、埋め立て処分、化学処理、いずれにしても経費がかかり大きな負担となっている。一方で、本市のごみ処理施設の処理能力は限界に近づいている。ごみそのものの量を減らしていくことは大きな課題だろう。近年、プラスチックごみや食品ロスの問題が社会的な関心となっているが、ごみ問題に対しての市民の意識を高め、ごみの減量に繋げていく必要があると思う。そのために、市として次の三点に取り組んでいくのが良い。

まず……

↑何が問題なのか？

表現が冗長です。冒頭部分は「…どのような問題があるだろうか。それは費用負担である…」と、いちいち疑問形にして、それに答える書き方にしていますが、意味がありません。「ごみ処理のための費用は自治体にとって大きな負担となっている」と、ストレートに書けば良い話です。

また、「…課題ではないだろうか」「…必要があると思う」などの表現も、話を曖昧にするだけです。ストレートに「…課題である」「…必要がある」と明確に言い切った方が伝わります。

論文では必要なことだけを、簡潔に書くようにします。

答案の下書き作成

- 出題の指示を押さえる…「ゴミの減量を進めていくために市民の意識をどう高めていくか」が聞かれていることです。「市民の意識」に関係することを書きます。
- 答案の考え方…冒頭の段落でごみの減量に取り組まなければならない背景を簡単に指摘し、第二段落以降で具体的な方策を書き込みます。最後にまとめの段落をつけます。

 下書き ………………………………………………………………………

問題の背景

- ごみ処理のための費用は大きな負担。
- 本市のごみ処理施設の処理能力は限界に近づいている。
- ごみ問題に対しての市民の意識を高め、ごみの減量に繋げていく必要がある。

取り組みの内容

○一つ目、まず、無駄を生まない意識を高める。
- 不必要に買いだめをしない、無駄な包装を断るなどの啓発活動を推進。
- 賞味期限の意味を正しく理解してもらう啓発活動を行い、無駄に捨てられる食材を減らしていく。

○二つ目、使わないものを他の人に活用してもらう意識を高める。
- 使い切れない食材はフードバンクや子ども食堂などへの寄付を呼びかけていく。
- 市の施設で不要となった衣類などを持ち寄るイベントを開催して、必要とする人が自由に持ち帰れるようにする。

○三つ目、製品をリサイクルする意識を高めていく。
- 市の広報誌等での啓発活動。缶、びん、電池などの回収拠点を増やしていく。

まとめ

- ごみの減量は本市の優先的な課題である。環境に配慮した市を実現すべき。

....

 解答例 ....

　ごみ処理のための費用は自治体にとって大きな負担となっている。また、本市のごみ処理施設の処理能力は限界に近づいており、ごみそのものの量を減らしていくことは大きな課題である。近年、プラスチックごみや食品ロスの問題が社会的な関心となっているが、ごみ問題に対しての市民の意識を高め、減量に繋げていく必要がある。そのために、市として次の三点に取り組んでいくべきである。

　まず、無駄を生まない意識を高めることである。不要な商品の購入、不要な包装はそのままごみが増えることに繋がる。このような生活上の無駄を減らしていく必要がある。そこで、行政の広報誌やポスターなどを通じて、不必要に買いだめをしないことや、商品購入時に無駄な包装を断ることを呼びかける啓発活動を積極的に推進していくべきである。食品に関しては賞味期限の意味を正しく理解してもらうことも大切だ。賞味期限が切れても直ちに食べられないわけではないことを啓発活動で伝え、無駄に捨てられる食材を減らしていく必要がある。

　また、使いきれないもの、使わなくなったものを、他の人に活用してもらう意識を高めることも大切だ。例えば、使い切れない食材はフードバンクや子ども食堂などに寄付することで、有効に活用してもらえる。このような活動をしている団体を行政のサイトで公開して、市民の寄付を呼びかけていくと良い。さらに、自宅で使わなくなった衣類や本、おもちゃなどを他人に譲る人が増えると、ごみを減らすことができる。そこで、市の施設で不要となった衣類などを持ち寄るイベントを開催して、

必要とする人が自由に持ち帰れるようにするとよい。このような取り組みを通じて再利用を定着させていくことが大切だ。

　さらに、製品をリサイクルする意識を高めていくことも必要だ。缶やびんなどの分別回収は既に行われているが、まだ市民の間で徹底されていない。そこで、意識を高めるために市の広報誌等で啓発活動に取り組むとともに、回収拠点を増やしていくべきである。例えば駅や公民館など人が集まる場所に缶、びん、電池、プラスチック製品などを回収する箱を設置する。住民が気軽に持ち寄れる場所を作ることで、資源として再利用することができる。

　ごみの減量は環境先進都市を目指す本市の優先的な課題である。以上のことに取り組み、環境に配慮した市を実現すべきである。

....

類題とその対応策について

　「温暖化対策をどう進めるか」「リサイクルの推進にどう取り組むか」「都市の緑化にどう取り組むか」など多岐にわたる関連テーマがあります。環境問題について広く関心を持ち、知識を蓄えておきましょう。

健康なまちづくり

このテーマについて書く上で考えておきたいこと

　乳幼児、学童、働き盛り、高齢者と、世代によってさまざまな健康上の課題があります。また、生活習慣病、感染症、精神疾患など、病気別に取り組むべきことがあります。すべての要素を答案に盛り込むことはできませんが、主なポイントを整理しておくことで、答案の中で活用できるようになります。

答案作成へ向けての材料集め

1　問題の背景に関わること

- 住民の健康増進は、まち作りを考える上での基本。
- 高齢化で医療・介護の負担が増える中、住民の健康づくりは財政面からも重要となっている。
- 乳幼児、学童、働き盛り、高齢者など、さまざまな世代に対しての健康増進を図る政策を取り入れていく必要がある。

2　自分の自治体の問題点

例）「高齢化が進んでおり、多くの高齢者が病院にかかっている。塩分の多い郷土食が多く、減塩が進まない」など。

```
　自分の自治体の問題点



```

3 取り組み内容の例

- 健康診断の受診を勧奨する。行政のメディアを使っての広報活動。
- 高齢者に対し、インフルエンザ等の予防接種を勧奨する。費用を助成する。
- 乳幼児の健康相談、メンタル面での悩み、生活習慣病相談など対象を細かく分けた相談窓口を作る。
- 子どもの医療費の減免制度を設ける。
- 高齢者向けの運動教室、市民スポーツ大会など、市民が体を動かす場、きっかけを提供する。
- 各町内会で保健師、栄養士による健康講話等を開催する。

そのほか、自分の自治体で実践できそうな取り組み

例題
健康なまちづくりを進めていくために、どのようなことに取り組むべきか、考えを述べなさい。（90分、1200字程度）

×失敗答案例

　住民の健康増進は、まちづくりを考える上での要である。健康で暮らすことは住民の幸福感という点から重要であるし、高齢化が進行する中、医療や介護費用の負担を軽減するという点からも意義がある。そこで、本市として以下の三点に取り組む必要がある。

　一つ目に、健康診断の受診勧奨に取り組む必要がある。早期発見、早

期治療は病気への対処の基本だ。そこで、市の広報誌等で健康診断の重要性を指摘し、毎年必ず受けるように勧めていく必要がある。また、国民健康保険加入者の受診費用の助成額を増やして受診しやすくする必要もある。さらに、助成制度を未利用の人に対しては受診を勧めるはがきを送付する、といったことに取り組む必要がある。健康診断受診後のフォローも欠かせない。結果を受けて生活をどう改善すべきか、保健師が相談に応じる健康相談会を定期的に開催して、健康管理に活かしてもらう必要もある。

↑何が問題なのか？

　文末で「…必要がある」が何度も繰り返されています。２－３回くらいならまだいいですが、ここまで重なると重複感が強いです。取り組みを書くときはどうしても「必要だ」「大切だ」などの言葉が文末にきがちですが、バリエーションを増やして単調な印象にならないようにしましょう。なお、単なる「…だ」「…である」は、連続してもさほど違和感はありません。

取り組みを書くときに、文末で使える言葉

　「…すべきである」

　「…することが求められる」

　「…すると良い」

　「…すると効果的だ」

　「…する必要がある」

　「…することが重要だ・大切だ」

　「…しなければならない」

答案の下書き作成

- 出題の指示を押さえる…「健康なまちづくりを進めていくために、どのようなことに取り組むべきか」に正面から答えます。

- 答案の考え方…冒頭で「健康なまちづくり」が求められる背景を述べて、第二段落以降で取り組みを書き、最後にまとめの段落をつけます。

 下書き ……………………………………………………………

問題の背景
- 住民の健康増進は、まちづくりの要。
- 住民の幸福感、医療や介護費用の軽減という点からも意義がある。
- 病気の予防や早期発見など様々な観点から政策を推進する必要がある。

取り組みの内容
○一つ目、健康診断の受診勧奨。本市は他の自治体に比べ健康診断の受診率が低い。
- 市の広報誌等で受けるように勧める。
- 受診費用の助成額を増やす、未利用の人に対してはがきを送付する。
- 健康診断受診後のフォローとして、保健師が相談に応じる健康相談会を開催。
○二つ目、健康について気軽に相談できる窓口を開設する。
- 受診の先延ばし、相談しにくい、といった問題。
- 電話で看護師等が相談に応じ、的確に医療に繋げていく。SNSのチャット機能を使う。
○三つ目、日常生活の中での健康づくりを推進。
- 保健師による健康講話会を開催し、食生活や運動の重要性を伝えていく。栄養士による減塩、低カロリー食の料理教室を開催。
- 高齢者向け運動教室の開催、市民スポーツ大会などをこれまで以上に充実させる。

まとめ
- 健康増進はすべての市民に関わる政策。市民が健康で暮らせる街を実現すべき。

解答例

　住民の健康増進は、まちづくりを考える上での要である。健康で暮らすことは住民の幸福感という点から重要であるし、高齢化が進行する中、医療や介護費用の負担を軽減するという点からも意義がある。その実現のためには病気の予防や早期発見など様々な観点から政策を推進する必要がある。誰もが健康で活き活きと暮らせる街の実現のため、本市として以下の三点に取り組んでいくべきである。

　一つ目は、健康診断の受診勧奨である。早期発見、早期治療は病気への対処の基本であるが、本市は他の自治体に比べると健康診断の受診率が低くなっている。住民に積極的に健康診断に足を運んでもらう必要がある。そのために、市の広報誌等で健康診断の重要性を指摘し、中高年の人は毎年必ず受けることを勧めていくべきである。また、国民健康保険加入者の受診費用の助成額を増やして受診しやすくした上で、助成制度を未利用の人に対しては受診を勧めるはがきを送付することに取り組むと良い。さらに、健康診断は受けっぱなしでは意味がなく、受診後のフォローも欠かせない。結果を受けて生活をどう改善すべきか、保健師が相談に応じる健康相談会を定期的に開催して、健康管理に活かしてもらうことも大切だ。

　二つ目として、誰もが健康について気軽に相談できる窓口を開設することである。普段健康に関して気になることがあっても、大したことはないと考えて放置したり、忙しさから受診を先延ばしにしたり、といったことが起こりうる。また、精神疾患の場合は不調を感じても周りの人に相談しにくい、病院に行きづらいという問題がある。医療機関の受診が遅れればそれだけ病状は重くなる。そこで、電話で気軽に相談できる窓口を作ると良い。看護師等が相談に応じ、必要であれば受診を勧める、病院を紹介するなどして、的確に医療に繋げていく。さらに気軽に相談できるように、SNSのチャット機能を使って質問ができる仕組みも作ると良い。

三つ目として、日常生活の中での健康づくりを推進していくことである。生活習慣は健康に直結する。そこで、各自治会で保健師による健康講話会を開催し、食生活や運動の重要性を伝えていく。また、市の施設で栄養士による減塩、低カロリー食の料理教室を開催し、健康食を普及させていくことにも取り組むべきである。この他、公民館等での高齢者向け運動教室の開催、市民スポーツ大会の開催なども、体を動かすきっかけ作りになる。こうしたメニューをこれまで以上に充実させ、健康づくりに活用してもらえるようにすると良い。

　健康増進はすべての市民に関わる重要な政策である。市として以上のことに取り組み、市民が健康で暮らせる街を実現すべきである。

類題とその対応策について

　「高齢者の健康づくりをどう進めていくか」など、対象を絞った聞き方があります。この場合は高齢者向けの取り組みを書き込むことになります。

地域の活性化策

このテーマについて書く上で考えておきたいこと

　自治体によって活性化の対象となる地域は異なります。地方であれば、過疎地、離島、農村部、山間部などが活性化の対象となるでしょう。都市部であれば、空洞化が進む中心市街地や商店街などが活性化の対象として考えられます。自分の自治体で、どのような地域活性化が求められているのかを整理しておきます。

答案作成へ向けての材料集め

1　問題の背景に関わること

- 人口が減少する中、離島や山間部では集落そのものが維持できなくなっている。
- 過疎地では目立った産業もないため、若い世代が定着できない。
- 農村部に住む人が減り、田畑が荒れ始めている。
- 都市部では郊外に大型店が集まるようになり、中心市街地が空洞化している。
- 郊外店に人を奪われ、商店街から賑わいが失われている。

2　自分の自治体の問題点

例）「人口減少で限界集落があちこちに生まれている。駅前の商店街がシャッター通りになっている」など。

> 自分の自治体の問題点

3 取り組み内容の例

- 離島、山間部など、その土地でしかとれないものを使った特産品を開発する。
- その土地ならではの景観、体験を PR して旅行客を誘致し、交流人口を増やす。
- 農業、林業への就業支援を充実させる。
- 中心市街地に核となる施設を作る。
- 商店街のアーケード等の改修工事の助成や、ウェブサイトの作成、キャッシュレス導入時の設備の助成などを充実させる。

> そのほか、自分の自治体で実践できそうな取り組み

商店街の活性化策について（80分、1000字程度）

×失敗答案例

　本市には５つの商店街があり、市街地の賑わいの中心となっている。しかしながら、近年、郊外に相次いで大型店舗が建設されたため客足が遠のき、空き店舗が目立つようになっている。

　商店街は移動手段を持たない高齢者にとって生活上のインフラである。また、人と人が顔を合わせて繋がるコミュニティとしての機能も持っている。

　地域の防犯や防災のためにコミュニティを活性化させることが求められているが、商店街にはそうした役割も期待されている。これらを踏まえ、市として商店街活性化のために、次のようなことに取り組むべきである。

　まず、集客やバリアフリー化等への設備投資に対しての支援である。本市の商店街は高度成長期に整備されたところが多く、アーケードの改修、公衆トイレのバリアフリー化などの費用が大きな負担となっている……

↑何が問題なのか？

　改行が頻繁すぎます。メールを打つ感覚で頻繁に改行して書く人がいますが、メールと小論文は違います。一定の話のまとまりごとに改行します。この場合は、冒頭から「…次のようなことに取り組むべきである」までは、一つの段落として捉えて良いです。

答案の下書き作成

- 出題の指示を押さえる…「商店街の活性化策について」が聞かれていることですが、今回のように、テーマだけ一言ポンと出題されることがあります。こういう場合も基本的には、問題の背景等を指摘し、取り組み内容を書くという流れで良いです。
- 答案の考え方…まず商店街の活性化についてどういう背景や課題があるのか、それに取り組む意義は何かなどを第一段落で押さえ、第二段落以降で具体的な方策、最後に簡単にまとめるという形にします。

下書き ....

問題の背景

- 商店街は市街地の賑わいの中心だが、郊外店舗が建設されたため客足が遠のいている。
- 商店街は高齢者にとって生活上のインフラ、コミュニティとしての機能も持っている。
- 地域の防犯や防災のためにコミュニティの活性化が必要。それも商店街の役割の一つ。

取り組みの内容

〇一つ目、集客やバリアフリー化等への設備投資に対しての支援。
- アーケードの改修、公衆トイレのバリアフリー化などの費用が大きな負担。
- ウェブサイトの開設やキャッシュレス化など、個々の店舗での投資も求められる。
- こうした設備投資に対する市独自の助成制度を作る。

〇二つ目、空き店舗を改修して、別の用途として活用する。
- シェアオフィス、テレワーク用の拠点、市民の談話室など。
- 改修に対しての助成制度を作り、空き店舗の活用に繋げていく。

〇三つ目、商店街に外から人を呼び込む。
- 市の観光案内のサイトや観光マップなどで各商店街を紹介。
- 訪日外国人向けに市の外国語の観光マップにも掲載しておく。

まとめ
- 商店街は今なお地域の拠点。以上のことに取り組み、商店街に活気を取り戻すべき。

 解答例

　本市には5つの商店街があり、市街地の賑わいの中心となっている。しかしながら、近年、郊外に相次いで大型店舗が建設されたため客足が遠のき、空き店舗が目立つようになっている。商店街は移動手段を持たない高齢者にとって生活上のインフラである。また、人と人が顔を合わせて繋がるコミュニティとしての機能も持っている。地域の防犯や防災のためにコミュニティを活性化させることが求められているが、商店街にはそうした役割も期待されている。これらを踏まえ、市として商店街活性化のために、次のようなことに取り組むべきである。

　まず、集客やバリアフリー化等への設備投資に対しての支援である。本市の商店街は高度成長期に整備されたところが多く、アーケードの改修、公衆トイレのバリアフリー化などの費用が大きな負担となっている。また、若い世代や外国人などを商店街に呼び込むためには、ウェブサイトの開設やキャッシュレス化に取り組む必要があり、個々の店舗での投資が求められる。そこで、こうした設備投資に対する市独自の助成制度を作るべきである。行政として、商店街の活性化を側面から支援していく。

　次に、商店街の空き店舗の活用を考えていくことも重要である。空き店舗が増えると集客力が落ちる上、街の防犯上も問題である。そこで、空

き店舗を改修して、別の用途として活用すべきである。例えば、起業を
したい人向けのシェアオフィス、テレワーク用の拠点として整備する、
あるいは市民の談話室に転用する、などの使い方である。このような改
修に対しての助成制度を作り、空き店舗の活用に繋げていくことが必要
である。

　さらに、商店街に外から人を呼び込むことも大切である。特徴のある
商店街はそれだけで観光資源になり得る。そこで、市の観光案内のサイ
トや観光マップなどで、市内の各商店街の特徴や名物などを紹介すると
良い。商店街を訪れる旅行客を増やし、活性化に繋げていく。最近では
訪日外国人が商店街を訪れる例もあり、市の外国語の観光マップにも掲
載しておくべきである。

　商店街の役割は時代とともに変化しつつあるが、今なお地域の拠点で
ある点に変わりはない。市として以上のことに取り組み、商店街に活気
を取り戻すべきである。

類題とその対応策について

　「地域の活性化にどう取り組むか」のような漠然とした出題の他、「中
心市街地の活性化」「過疎地の活性化」など対象を絞って聞く出題も考え
られます。これらの出題に答えられるようにしておきましょう。

AI、ICTの行政分野での活用

言葉の意味を確実に押さえる

　AIは人工知能を意味します。機械自身が情報をもとに学習し、最適解を導き出すことができます。ICTは情報通信技術のことです。パソコンやスマートフォンを初めとした情報機器によって、情報を送ったり処理したりする技術全般を指します。

このテーマについて書く上で考えておきたいこと

　技術の進歩によりAIが現実のものとなりました。ICTも生活の中で欠かせない存在となっています。今後行政の中での利用も進んでいくことになりますが、行政のどんな分野で活かしていけるかを考えておきます。

答案作成へ向けての材料集め

1　問題の背景に関わること

- AIやICTの発達が社会を大きく変えようとしている。
- AIやICTは、将来予測、業務の自動化・効率化、過疎地の利便性の向上など様々な分野で威力を発揮する。
- 民間では導入が進んでいる。行政の分野においても取り入れて、そのメリットを活用すべき。

2　自治体で考えられる活用例

AIに関すること

- 住民からの問い合わせに対しAIで自動応対するシステムを作る。
- AIによる会議録等の自動作成。業務の省力化を進める。
- 道路、橋などの老朽化の予測、危険箇所の割り出しなどに活用する。

ICT に関すること

- 職場の書類、伝票をペーパーレス化し、作業効率を高める。電子決裁の導入。
- 各種申請、許認可のオンライン化により、住民の利便性や業務効率を高める。
- メールや共有フォルダを使っての情報共有、オンライン会議を導入する。場所にとらわれない働き方を実現し、職員の働き方改革に繋げる。
- 遠隔診療を導入し、過疎地の医療へのアクセスを向上させるなど、地域の課題の解決にも活用できる。

> そのほか、自分の自治体で実践できそうな取り組み

第3章

例題
行政において ICT の活用をどのように進めていくべきか、述べなさい。
（80分、1000字程度）

×失敗答案例

　ICT とは情報通信技術のことである、例えばパソコンを使った情報の処理、スマートフォンを使った遠隔地からの情報送信などその意味する範囲は広い。一例としてパソコンを使って計算をすれば、手作業で伝票計算を行っていた時よりも何十倍もの速度で作業が可能となる。またメール機能を使えば遠隔地の人でも瞬時に情報を伝えることが可能であるし、単なる文章だけでなく画像、音声なども送信可能である。ICT の活

用とはこれら ICT の持つ機能を業務で活かしていくことである。行政の現場でもさまざまな場面で ICT の持つ能力を引き出し、業務の改善等に活かしていくべきである……

↑何が問題なのか？

　答案を具体的に書くことは大切ですが、どこを具体的に書くべきかが理解できていません。出題で聞かれていることは「行政において ICT の活用をどのように進めていくべきか」であり、「行政の中での活用の仕方」を具体的に書くことが大事です。この答案では「ICT の活用」という言葉の意味を詳しく説明しています。それは簡単に済ませて良いのです。「行政の中でどう活用していくべきか」、そこにこそ字数を割いて具体的に書いていきます。

答案の下書き作成

- 出題の指示を押さえる…「行政において ICT の活用をどのように進めていくべきか」が聞かれていることです。ここに焦点を当てて答えます。
- 答案の考え方…第一段落で ICT 活用が求められている背景に触れ、第二段落以降で取り組み内容を書き、最後に簡単なまとめを添えます。

 下書き ⋯⋯⋯⋯⋯⋯⋯⋯⋯⋯⋯⋯⋯⋯⋯⋯⋯⋯⋯⋯⋯⋯⋯⋯

問題の背景

- ICT の発達はめざましく、情報機器は日常に欠かせないものとなっている。
- ICT は情報処理能力が高く、瞬時にやりとりができる。
- 積極的に活用し、業務の効率化や住民サービスの向上などに活用すべき。

取り組みの内容

○一つ目、日常業務における積極的な導入。

• 決裁書類や各種資料のペーパーレス化を進める。

• オンラインで会議を実施する。連絡事項はメーリングリストや共有フォルダを使う。

○二つ目、住民サービスの向上。

• 各種届け出や申請などのオンライン化を進める。

• 時間や場所を問わず住民が提出できる。事務処理も効率化される。

• ただし、セキュリティ対策を万全にし、紙ベースでの提出も残す。

○三つ目、行政の情報発信。若い世代への効果は高い。

• 市政情報など、SNS を活用した情報発信を拡大していく。外国人観光客向けの情報も流す。

• この分野でも、従来型の情報発信を残す。

まとめ

• 技術革新で今後一段と活用の幅が広がる。積極的に取り入れていくべき。

解答例

　近年、ICT の発達はめざましく、パソコンやスマートフォンなどの機器は私達の日常に欠かせないものとなっている。ICT は情報処理能力が高く、離れた場所であっても瞬時にやりとりができる。行政においても ICT を積極的に活用し、業務の効率化や住民サービスの向上など、さまざまな課題解決に繋げていくべきである。具体的には次のような点で活用を進めていくべきである。

　一つ目に、日常業務における積極的な導入である。庁内では、現在でも一部の決裁書類の提出や資料の配付などが紙ベースで行われている。

これらの書類のペーパーレス化を進め、さらなる業務の効率化に繋げていくべきである。また、庁内で開かれる会議のあり方もICTによって変えていく必要がある。例えば、オンライン会議を増やし、全員が一カ所に集まらなくても会議ができるようにする。あるいは、連絡事項はメーリングリストで回す、共有フォルダに書き込むなどのやり方にして会議そのものを減らしていくと良い。ICTをうまく活用して、職員の働き方改革に繋げていく必要がある。

　二つ目に住民サービスの向上である。住民からの各種届け出や申請などのオンライン化を進めていくべきである。オンライン処理が広がることで、時間や場所を問わず住民が提出できるようになる。同時に、庁内の事務処理も効率化されるメリットがあり積極的な導入が求められる。ただし、住民の個人情報流出の危険や情報機器を扱えない人をどうするかという問題がある。セキュリティ対策を万全に行うほか、紙ベースでの提出も残すという配慮をした上で、推進していくべきである。

　三つ目として、行政の情報発信における活用である。若い世代は日常的にパソコンやスマートフォンに接しており、ICTを使った情報発信の効果は高い。例えば市政に関する情報、災害時の避難情報、熱中症の危険があるときの注意喚起など、SNSを活用した情報発信を拡大していくべきである。多言語で外国人観光客向けの観光情報、災害情報を流すことも有効である。なお、この分野でも、情報機器を持たない人に配慮し、従来型の広報誌や防災無線を使った情報発信を続けていく必要がある。

　ICTの技術革新は今も続いており、今後一段と活用の幅が広がることが予想される。行政として、そのメリットを積極的に取り入れていくべきである。

注意点

ICT 活用は情報の漏洩のリスクがあるほか、情報機器に弱い人達がアクセスできなくなるという問題点があります。答案を書くときは、この点についての対処法も一言触れておいた方が良いです。

類題とその対応策について

例題のような出題の他、「行政の情報発信に ICT をどのように活用するか」など、範囲を絞った聞き方も考えられます。この場合は、情報発信に関することに、話を絞って書きます。

第3章

167

住民の声や力を活かした
街づくり

このテーマについて書く上で考えておきたいこと

　行政の政策を進めていく上で、住民の声を聞くこと、その力を活かしていくことが求められます。「住民との協働」というキーワードで出題されることもよくあり、公務員の昇進試験で頻繁に出されます。どのようにして住民の声を集め、どのように住民の力を政策に活かしていくのかを考えておきます。

答案作成へ向けての材料集め

1　問題の背景に関わること

- 行政の計画の策定や、決定、推進にあたっては、十分に住民の声を聞かなければならない。
- 日常の業務においても、住民から寄せられる要望や意見、苦情などを聞き取り、活かしていく必要がある。
- 住民が持つノウハウやアイディアなどを街づくりに活かし、住民本位のより良い街にしていくことが大事。
- 財政難の中、街の課題を住民の力を借りながら解決していく。

2　自分の自治体の問題点

例）「住民から寄せられる意見や苦情などが、聞きっぱなしになっており、業務に活かせていない。ボランティア団体やNPO等との連携が弱く、協働が進んでいない」など。

3 取り組み内容の例

- メール、はがきなどで住民から寄せられた意見を集計、分析し、業務の改善等に活かす。
- タウンミーティング等の積極的な開催。住民の意見を直接聞く場を設ける。
- 街の美化、子育て支援など、住民の力が活かせる分野でボランティアを募ったり、NPO、町内会などに協力を要請したりする。
- 自主的に環境保護や高齢者の見守り活動などを行っている団体に対して経費を助成する。このような活動を広げていく。

第3章

あなたは昇進後係長として、政策遂行に当たって住民の声や力をどう活かし、住民との協働を進めていくか、考えを述べなさい。（80分、1000字程度）

×失敗答案例

　行政にとって住民の声や力を政策に活かしていくことは、大変重要な課題である。行政が住民の声を聞いて政策を進めることで、住民本位の街が実現できる。また、今日では環境保護、街の防犯、災害に強い街づくりなど行政だけでは解決できないさまざまな課題が山積している。こうした課題に対しては、ボランティア団体やNPO等、住民の力を活かしていくことで、より良い解決策を導き出していくことが可能になる。住民との協働を進めていくために、市として次のようなことに取り組んでいくべきである。

　まず、街づくりに住民の声を活かすことである。本市においては、来年度から駅前の再開発事業が始まることになっている。そこで市としてタウンミーティング等の場を設け、市民の意見を聞くことに取り組んでいかなければならない……

↑何が問題なのか？

　この出題は、聞き方が今までとちょっと違います。「昇進後係長として……進めていくか」と、「自分が係長として何をやるか」という聞き方をしています。今までの出題は「行政としてどう取り組むか」「市としてどう取り組むか」といった聞き方が基本でした。その場合は、「行政としてこういうことをすべきだ」という、全般的な話をすれば良かったわけです。しかし、今回は違います。「自分が係長としてこういうことをやっていく」と、自分自身の仕事に引きつけながら書いていく必要がありま

す。しかし、この答案は「市として…」という書き方をしており、当事者意識がありません。

答案の下書き作成

- 出題の指示を押さえる…「昇進後係長として、政策遂行に当たって住民の声や力をどう活かし、住民との協働を進めていくか」に正面から答えます。自分自身の取り組みを書くようにします。
- 答案の考え方…冒頭の段落で、住民との協働が求められている背景を押さえ、第二段落以降で係長として自分が何をやるかを書いていきます。その上で最後にまとめを加えます。

 下書き ....

問題の背景

- 行政にとって住民の声や力を政策に活かしていくことは、大変重要な課題。
- 行政が住民の声を聞いて政策を進めることで、住民本位の街が実現できる。
- 街の課題に対して、住民の力を借りることで、より良い解決策を導き出すことが可能。

取り組みの内容

○一つ目、街づくりに住民の声を活かす。

- 私は、施設整備課で公園の整備・管理の仕事をしている
- 公園の改修に当たっては、ワークショップを開催し、改修後の公園のイメージや公園に欲しい施設などについて、意見を出してもらう。設計の専門家も同席する。
- ここで出された考え方を参考にし、住民本位の公園を実現。

○二つ目、住民の力を借りながら市の課題を解決していく。

- ボランティア団体とパートナーシップ協定を締結し、公園の清掃に協

力してもらう。

- 町内会に花壇の手入れに協力してもらう。
- 事前に十分な話し合いを持ち、お互いの責任の範囲などについて明確にする。

まとめ

- 住民との協働は行政にとって今後益々重要。係長として住民との協働を積極的に推進。

解答例

　行政にとって住民の声や力を政策に活かしていくことは、大変重要な課題である。行政が住民の声を聞いて政策を進めることで、住民本位の街が実現できる。また、今日では環境保護、街の防犯、災害に強い街づくりなど行政だけでは解決できないさまざまな課題が山積している。こうした課題に対しては、ボランティア団体やNPO等、住民の力を借りることで、より良い解決策を導き出していくことが可能になる。私は昇進後、係長として業務において住民との協働を進めていくために、次のようなことに取り組んでいく。

　まず、街づくりに住民の声を活かすことである。私は現在、施設整備課で公園の整備・管理の仕事をしているが、来年度以降、中心部の公園の改修工事が予定されている。公園の改修に当たっては、住民からの意見、アイディア等を聞き取り、その声を活かしていくことが大切だ。そこで、係長として、周辺住民と公園改修についてのワークショップ開催を提案したい。ワークショップでは、改修後の公園のイメージや公園に欲しい施設などについて、住民から意見を出してもらう。設計の専門家も同席し、互いに意見を出し合いながら実現の方策を探っていく。ここで出された考え方を改修にあたっての参考にし、住民本位の公園を実現

していきたい。

　次に、住民の力を借りながら市の課題を解決していくことである。公園を維持するためには、日常的な清掃や花壇の手入れなどの作業が欠かせないが、財政難のため市で提供できる回数は限られる。そこで係長として、公園の維持、管理について住民との協働を推進していきたい。例えば、街の清掃活動に取り組むボランティア団体とパートナーシップ協定を締結し、定期的な公園の清掃に協力してもらう。あるいは、公園周辺の町内会に呼びかけて、公園内の花壇の手入れに協力してもらう、といったことにも取り組んでいきたい。もちろん、こうした協力を取り付けるためには、事前に十分な話し合いを持つことが大切だ。地域の人と協働で公園を維持していくことの意義、お互いの責任の範囲などについて話し合い、事業を進めていきたい。

　行政の課題が多様化していく中、住民との協働は行政にとって今後益々重要なものとなる。私は係長として以上のことに取り組み、住民との協働を積極的に推進していきたい。

類題とその対応策について

　「住民の声をどう行政に反映させるか」など、「意見を聞き取る」という部分に焦点を当てた出題も考えられます。その場合は、アンケートの実施やタウンミーティングの開催など、意見の聞き取りに絞って書きます。

シティセールス

このテーマについて書く上で考えておきたいこと

　シティセールスとは、「街を売り込んでいくこと」ですが、その対象
としては観光客、移住希望者、地方への進出を考えている企業などが挙
げられます。また、一口に観光客といっても国内観光客向けのセールス
と、外国人観光客向けのセールスは違ってくるでしょうし、企業への売
り込みも本社の移転、工場の建設、サテライトオフィスの設置など対象
はさまざまです。自分の自治体で何を対象に、どのようなセールスが必
要なのかを考えておきます。

答案作成へ向けての材料集め

1　問題の背景に関わること

- 人口の減少や産業の衰退などが想定以上に進んでおり、外から人や企
  業を呼び込む必要に迫られている。
- 観光客、移住者、企業の誘致など自治体間の競争が激しくなっている。
- 自治体として積極的に地元の魅力をアピールしなければ、振り向いて
  もらえない。

2　自分の自治体の問題点

例)「過疎化が進む中、観光客誘致などによる交流人口を増やすことが
大きな課題になっているが、全国的な知名度が低い。移住の対象地とし
ても認知してもらえない」など。

自分の自治体の問題点

3 取り組み内容の例

- 自治体の魅力を一言で表すようなキャッチフレーズを作り、観光客、移住者誘致などに活用していく。
- 新聞、雑誌への広告や、SNS 等を使って自治体の PR をする。地域の魅力的なイメージを「地域ブランド」として認知させる。
- 地域の自然環境や食文化など観光客にとっての魅力を掘り起こし、自治体の観光サイトなどで積極的に PR する。農作業、漁業などが体験できる旅など、他にはない魅力を発掘する。
- 移住者向けの格安の住宅、ワンストップ相談窓口など、移住者向けのサービスを整えアピールする。
- 企業に対し、大都市との交通の便が良い点や、進出企業に対しての税制上の優遇措置がある点などをアピールする。

そのほか、自分の自治体で実践できそうな取り組み

観光客誘致や移住者誘致のためのシティセールスが求められています。本市として取るべき効果的なシティセールスの方法について論じてください。（80分、1000字程度）

×失敗答案例

　本市においては少子化、産業の衰退、防災対策などが大きな課題となっている。こうしたことから、シティセールスによって観光客や移住者を誘致していくことが強く求められている。そのために、次のようなことに取り組んでいくべきである……

↑何が問題なのか？

　シティセールスが求められている背景として「少子化、産業の衰退、防災対策などが大きな課題となっている」を挙げています。「少子化や産業の衰退」については、地域の活力が低下するので、シティセールスの動機になることは分かります。しかし、防災対策とシティセールスは何も関係がありません。

　これは実によくある失敗ですが、あらかじめ冒頭の段落に書くことを決めてあって、出題に合わせて「シティセールス」というキーワードをはめ込んでいるだけなのです。こういう書き方をしても、読む人が読めば、「おかしいな」というのはすぐに分かります。手抜きをせず、一つ一つの出題に正面から向き合い「本当にこの表現で良いのか」を考えることが大事です。

答案の下書き作成

- 出題の指示を押さえる…「本市として取るべき効果的なシティセールスの方法について論じる」ことが目的です。ただし、シティセールス

の例として「観光客誘致や移住者誘致」が挙げられているので、これに関する話にします。

- 答案の考え方…冒頭の段落でシティセールスが求められている背景を押さえ、第二段落以降で市としての取り組みを書きます。最後にまとめの段落をつけます。

 下書き ⋯⋯⋯⋯⋯⋯⋯⋯⋯⋯⋯⋯⋯⋯⋯⋯⋯⋯⋯⋯⋯⋯⋯⋯⋯⋯

問題の背景

- 5年前から人口が減少。観光客や移住者の誘致が、今後の発展に欠かせない。
- 誘致に関して近年、自治体間の競争が激しくなっている。
- 効果的、戦略的にシティセールスを進めていく必要がある。

取り組みの内容

○一つ目、統一したキャッチフレーズを作る。

- 端的に本市のイメージを伝え、興味を持ってもらうことが大事。
- 例えば大分の「おんせん県」→県の魅力やイメージを一言で伝えている。
- 庁内外からキャッチフレーズを募集。観光客や移住者誘致のために活用する。

○二つ目、市の魅力の深掘り、拡大。

- 観光客誘致…地域に残る祭り、伝統工芸品の製作体験などの魅力を掘り起こす。
- 移住者誘致…本市の従来からの魅力に加え、空き家を安く貸し出す、ワンストップ相談窓口の設置など、魅力を増やし、アピールする。

○三つ目、SNSを使っての情報発信。

- 本市の四季の風景などを動画に収め、動画共有サイトで発信。
- 移住者向けの住宅や就職情報を流す。

まとめ

●シティセールスは活性化の鍵。多くの観光客、移住者で賑わう街を実現すべき。

....

解答例

　本市では5年前から人口の減少が始まっており、観光客や移住者を誘致して地域を活性化していくことが、今後の発展に欠かせない。こうした誘致に関しては、近年、自治体間の競争が激しくなっている。市として、効果的、戦略的にシティセールスを進めていく必要がある。そのために、次のようなことに取り組んでいくべきである。

　まず、市のイメージについて統一したキャッチフレーズを作ることである。観光客誘致にしても移住者誘致にしても、端的に本市のイメージを伝え、興味を持ってもらうことが大事である。例えば大分県は「おんせん県おおいた」というキャッチフレーズを作って活用しているが、その県の魅力やイメージを一言で伝えることに成功している。そこで、本市においても庁内外からキャッチフレーズを募集することを提案したい。選ばれたキャッチフレーズは、本市の統一的なイメージを表すものとして、観光客や移住者誘致のための配布資料、広告などに活用していく。

　次に、市の魅力の深掘り、拡大である。外部から人を呼び込むためには本市の魅力を増やしていく必要がある。観光客誘致に関して言えば、著名な観光地だけが市の魅力ではない。地域に残る祭り、伝統工芸品の製作体験ができる民家泊など、本市ならではの魅力は他にもあり、こうした魅力を掘り起こして観光客誘致に活かしていくべきである。また、移住者誘致で言えば、本市では従来から子育て環境の良さ、交通の便の良さなどを魅力として伝えてきた。これらに加えて、空き家を改修して希望者に安く貸し出すことや、ワンストップ相談窓口の設置など、移住

者向けの魅力をさらに増やして PR していくべきである。

　さらに、SNS を使っての情報発信にも力を入れるべきである。訪日外国人や若い世代は、日常的に SNS から多くの情報を得ている。例えば観光客誘致のために、本市の四季の風景などを動画に収め、動画共有サイトで発信していく。あるいは移住者向けの空き住宅の情報を流すなど、SNS を本市の PR に積極的に活用していくべきである。

　シティセールスは本市活性化の鍵である。以上のことに取り組み、多くの観光客、移住者で賑わう街を実現すべきである。

答案を書く上でのテクニック

　冒頭の段落では「本市では 5 年前から人口の減少が始まっており、観光客や移住者を増やして地域を活性化していくことが今後の発展に欠かせない」という書き方をしています。ただ単に「本市では、観光客や移住者を増やして地域を活性化していくことが今後の発展に欠かせない」と書くよりも、「5 年前から人口の減少が始まっており」というデータを一言添えた方が、リアリティが増します。このようなデータや自治体の具体的な課題に触れると、説得力のある答案になります。

類題とその対応策について

　「観光客誘致のためにどう取り組んでいくべきか」「移住者誘致のために何をすべきか」など、話を絞って聞く場合があります。また、「地域ブランドをどう高めるか」など、「地域ブランド」という観点からの出題も考えられます。それぞれの要点をまとめておきましょう。

第4章

資料付きの出題

学習を進めるにあたって

　この章では、資料がつけられている出題を扱います。資料には、職場の事例を示した文章や、グラフ、表など様々なものがあります。出題テーマは大きく分けると、「職場の課題」「行政の抱える課題」の二種類です。出題頻度は「職場の課題」の方が高いです。

　「職場の課題」型の出題は、職場の事例が提示されます。事例では、コミュニケーションが不足して仕事でトラブルが起きたり、係長のリーダーシップが不足して部下が混乱していたりなど、何らかの問題を抱えた職場の様子が示されます。それを読んだ上で「この職場ではどこに課題があって、あなたならどう改善していくか」と問うパターンが多いです。

　このタイプの出題に答えるためには、まず事例を丹念に読んでポイントを整理することが必要です。同時に、職場で問題が発生したときに、現場のリーダーとしてどのように解決すべきかを普段から考えておくことが大事です。本書の第2章では、働き方改革、人材育成など、職場の様々な課題について考察しています。事前のトレーニングとして第2章をよく読み、空欄に書き込んでおきましょう。そのことが、資料付きの出題に解答する上でも役立ちます。同様に、「行政の抱える課題」型の出題に取り組むに当たっては、事前のトレーニングとして第3章をよく読み、書き込んでおきましょう。

　本章の「**考え方**」の項目では、解答を作るにあたって、どのような手順で考えていけば良いのかを示しています。

　「**答案の下書き**」の項目では、下書きの作成例を示しています。いきなり答案を書き始めるのではなく、まずはこのような形で下書きを作ってから、清書をすると良いです。

　「**解答例**」は、最終的に完成した答案の例を示しています。出題に対しての答え方、構成の仕方、取り組みの書き方などを見て、答案作成の際の参考にしてください。

職場の課題 1

次の事例を読んだ上で後の問に答えなさい。

　X社のY係では係長の他、A主任、中堅B社員、新人C社員が業務に当たっている。新人C社員が着任した際、係長は、A主任に仕事のやり方を教えるよう指示した。新人が着任後まもなく、Y係では大型のプロジェクトが始まり、スタッフは皆それに忙殺されるようになった。係長は新人のことはA主任に任せたきり、外部との交渉などで係を留守にすることが多くなった。一方、A主任とB社員はプロジェクトの事務方として各種備品の手配、社内との調整などに奔走していた。こうした中、A主任は、たまに簡単な事務作業等をC社員に指示するほかは、特段C社員に構わずにいた。B社員も、C社員のことには無関心であった。

　今回のプロジェクト進行に当たっては、膨大な準備作業が必要であり、物品の発注や社内外との調整作業も相当量に上っていた。A主任とB社員は手分けして業務に当たっていたが、お互いの確認不足から物品をダブって発注したり、発注に漏れがあったり等、トラブルが生じていた。あるとき、外部の企業と昼食を挟んだ打ち合わせが必要となり、B社員はC社員に30人分の仕出し弁当の予約を頼んだ。C社員が「やっておきます」と答えたのでそのまま任せておいた。打ち合わせの前日にB社員は、係長から弁当の件について尋ねられたので、初めてC社員に確認すると、C社員は失念していたことが発覚した。Y係では大慌てでこれから仕出し弁当を予約できる業者を探し出し、なんとか事なきを得た。

問題

この職場の問題点はどこにあるかを指摘した上で、あなたが係長であればどのように行動するか考えを述べなさい。（90分、1200字程度）

考え方

　事前に何の準備もなく、いきなりこのような出題にぶつかると戸惑うかもしれません。しかし、どのような出題であっても、まず問われていることを確認します。この出題で問われていることは、

　「この職場の問題点はどこにあるか」

　「あなたが係長であればどのように行動するか」

　この２点です。従って、まず「この職場の問題点」を探すことから始めます。

この職場の問題点は何か

　問題点は一つの場合もあれば複数の場合もあります。１２００字という字数で書くなら２つか３つ挙げる必要があるでしょう。

　この職場の事例を全体としてみたときに、「新人のことはＡ主任に任せたきり」「特段にＣ社員に構わずにいた」「Ｂ社員も、Ｃ社員のことには無関心であった」など、Ｃ社員が放置されており、きちんとした育成が行われていないことに気付きます。これが一つ目の問題点になりそうです。

　それと、プロジェクトの進行に当たって「お互いの確認不足から物品をダブって発注したり、発注に漏れがあったり…」「係長から弁当の件について尋ねられたので、初めてＣ社員に確認すると、Ｃ社員は失念していた」など、確認不足によるミスが続いていることが分かります。これを二つ目の柱にすると良いでしょう。

　そして問題点を指摘するときは、初めに端的に「ここが問題だ」と指摘します。その上で、事例のどこからそう判断できるのか具体的な説明を書き添えます。例えば、

　「この職場では新人の育成が的確に行えていない点が問題である。係長は新人のことはＡ主任に任せたきりで、新人に対しての育成の方針やス

<u>ケジュールなどを何ら示していない」</u>

　このように「新人の育成が的確に行えていない点が問題」と、まず端的に問題点を指摘し、その後で下線部のように、「事例のここから判断しましたよ」という説明を書くとわかりやすいです。以下で、職場の問題点とその説明に当たる材料を集めてみましょう。

答案の下書き

 下書き ⋯⋯⋯⋯⋯⋯⋯⋯⋯⋯⋯⋯⋯⋯⋯⋯⋯⋯⋯⋯⋯⋯⋯⋯⋯⋯⋯⋯⋯

職場の問題点

○一点目、新人の育成が的確に行えていない。

具体的な説明…

- 係長は新人のことはA主任に任せたきり。自分の業務だけに集中している。
- A主任、B社員とも自分の仕事に手一杯で、C社員への関心が薄い。C社員に簡単な事務作業を手伝わせるのみ。

○二点目、情報共有や確認が行われていない。

具体的な説明…

- A主任とB社員は、確認不足で誤発注や発注漏れが生じている。
- 仕出し弁当の発注は、C社員に頼んだ後、前日まで確認しなかった。

⋯⋯⋯

　以上で「この職場の問題点」を書くための材料がそろいました。

　では、もう一つの出題の柱である、「あなたが係長であればどのように行動するか」について考えてみましょう。職場の問題点として「新人の育成が的確に行えていない」「情報共有や確認が行われていない」、この2点を挙げたわけですから、どうすれば改善するのかということを一つずつ書いていけばよいです。例えば次のように考えられます。

下書き ‥‥‥‥‥‥‥‥‥‥‥‥‥‥‥‥‥‥‥‥‥‥‥‥‥‥‥‥‥‥‥

あなたが係長であればどのように行動するか

　○一つ目、新人の育成について明確な方針を示す。

例）…「3カ月後にはこの業務ができるようになる」「半年後にはこの業務ができるようになる」など。

• A主任はこの方針に従ってC社員に業務を教える。

• A主任、C社員に時折声かけをして、C社員の成長の状況を確認する。

• B社員に対しても、C社員のことを気にかけるよう指導する。

　○二つ目、プロジェクトについての情報共有、確認体制を構築する。

• 必要な物品、調整作業などをA主任とB社員に一覧表に書き出してもらう。

• 作業の担当者欄、作業確認欄を作る。一覧表は職場の見やすい場所に掲示する。

• 日常的に「あの作業は今どこまで進んでいるか」といった声かけを行う。

‥‥‥‥‥‥‥‥‥‥‥‥‥‥‥‥‥‥‥‥‥‥‥‥‥‥‥‥‥‥‥‥‥‥‥‥

　このように、二つの問題点をどう解決していくかを具体的に書いていきます。これは第2章でやった通りです。

　このあたりまで材料が集まったら、答案にしてみましょう。

解答例 ‥‥‥‥‥‥‥‥‥‥‥‥‥‥‥‥‥‥‥‥‥‥‥‥‥‥‥‥‥‥‥

　この職場の問題点として、以下の二点が挙げられる。

　一点目は、新人の育成が的確に行えていない点である。係長は、新人のことはA主任に任せたきりで、新人に対しての育成の方針やスケジュールなどを何ら示していない。途中でA主任にC社員の成長状況を尋ねることもなく、自分の業務に集中してしまっている。このことに加えて、A主任、B社員とも自分の仕事に手一杯で、C社員に対しての関心

が薄い。本来Ａ主任はトレーナー役であるはずだが、Ｃ社員に簡単な事務作業を手伝わせているのみで、積極的に仕事に関わらせていない。

　二点目は、プロジェクト遂行に当たって情報共有や確認が行われていない点である。Ａ主任とＢ社員はそれぞれの仕事の情報共有や確認ができておらず、誤発注や発注漏れが生じている。仕出し弁当の発注に至っては、Ｃ社員に頼んだ後、状況を前日まで確認しなかったため、危うく弁当を用意できないところであった。

　私がこの職場の係長であれば、以下のことを実行する。まず、新人の育成について明確な方針を示したい。例えば「３カ月後にはこの業務ができるようになる」「半年後にはこの業務ができるようになる」「一年後には業務全般で独り立ちできるようになる」など、育成方針とその達成スケジュールを決めてＡ主任に提示する。Ａ主任はその方針に従って、Ｃ社員に業務を教えていくこととする。その上で、日頃からＡ主任に対してＣ社員の成長度合いについて尋ねたり、直接Ｃ社員に仕事を順調に覚えられているかを尋ねたりして、Ｃ社員の成長の状況を確認していく。その過程で、何か問題があればＡ主任、及びＣ社員に対して指導や助言を行っていく。また、Ｂ社員に対しても、手が空いているときはＣ社員に仕事を教えるなど、Ｃ社員のことを気にかけるように指導をする。

　次に、プロジェクトについての情報共有と確認の体制を構築していく。そのために、まず、プロジェクト遂行に当たって必要な物品、調整作業などをＡ主任とＢ社員に一覧表に書き出してもらう。これによって、いつまでに何の作業が必要なのか一目で分かる状態を作っておく。また、この一覧表にはどの作業を誰が担当するのか、書き込む欄も設けておく。さらに、作業確認欄を作り、作業が完了したら担当者が確認欄にチェックを入れることとする。その上で、この一覧表は職場の見やすい場所に掲示しておく。このような取り組みを行うことで、プロジェクト遂行上の作業の重複や漏れを防ぐことができる。この他、重要な作業については日常的に「あの作業は今どこまで進んでいるか」といった進捗の確認を行い、お互いに声をかけ合ってミスを防いでいく。

以上の取り組みによって、職場全体で新人を育成し、プロジェクトの準備も確実に進めていく。

・・

＊最後のまとめの段落は、字数的に厳しければなくても良いです。字数に余裕があれば、この答案のようにつけると良いです。

職場の課題2

次の事例を読んだ上で後の問に答えなさい。

　X事業所の経理課では課長以下、A社員、B社員が経理業務に携わっていた。あるときA社員が「今までの経理伝票は使い勝手が悪く、一般の社員にとっても経理課のスタッフにとっても記入や確認の手間がかかり負担となっています。経理伝票を電子化して効率化を図りましょう」と提案した。これに対して課長は「電子化するためには全社に提案して了解を得る必要がある。使い慣れたものを変更するとなると他部署から必ず反発が出るから説得が大変だ。今のところ大きな不満の声は上がっていないのだからもう少し様子を見たほうがいい」と答えたため、A社員は黙ってしまった。

　しばらくたった頃、X事業所では全面的にパソコンのソフトを入れ替えることになり、これにあわせて経理で使用しているソフトも入れ替えることが決まった。その実施に当たり、技術課のソフト更新作業の担当者から「新しいソフトに早く入れ替えたほうがいいでしょう。今月からの運用開始でどうでしょうか」との提案があった。これに対して課長は「分かりました。すぐに取りかかりましょう」と即答した。課長は課内でミーティングを開き、「担当者と話した結果、今月から新しいソフトを導入したい」と話した。すると課員からは「経理のソフトは複雑で、新しいソフトを導入するには習熟期間が必要です。慣れないまま使い始めるとミスが起きます。これから年末に入って一番忙しい時期なのに無茶を言わないでください」と、猛反発を受ける結果となってしまった。

問題

(1) 課長は、職場のリーダーとして課をまとめ、適切に業務を進行していく必要があります。この職場において、課長の行動の問題点はどこにあるか述べてください。

(2) あなたが課長であればどう行動するか考えを述べてください。

（90分、1200字程度）

考え方

　この出題は(1)(2)と要点を分けて出題してくれています。これをそのまま活用すれば良いです。

　まず、(1)に答えるために「課長の行動の問題点」を探します。気になるのは、Ａ社員が「経理伝票を電子化して効率化を図りましょう」と提案したのに対して、他部署からの反発を面倒に思い、現状維持を主張した点です。Ａ社員が業務の効率化を考えて提案したわけですから、その提案が実際にどれくらい効率化に繋がるか、費用対効果なども考えた上で、可否を決めるべきでしょう。しかし、消極的な理由を挙げて部下の提案を押さえ込んでいます。事なかれ主義に徹し、業務改善への積極性が見られません。

　もう一つ気になる点として、新しいソフトの導入に関して、ソフト更新作業の担当者から「今月からの運用開始でどうでしょうか」といわれると、課の状況を考えることなく「分かりました。すぐに取りかかりましょう」と即答し、後で課員から猛反発を受けている点です。このあたりを問題点として抽出します。

答案の下書き

 下書き ··

課長の行動の問題点

○一つ目、事なかれ主義に徹し、業務改善への積極性が見られない。

具体的な説明…

- A社員の経理伝票の電子化の提案に対して、「他部署から必ず反発が出るから説得が大変だ」「今のところ大きな不満の声は上がっていない」など、消極的な理由で否定。

○二つ目、課内の状況を考えて業務の調整ができていない。

具体的な説明…

- 担当者から「今月からの運用開始でどうでしょうか」と言われると、「分かりました、すぐに取りかかりましょう」と安易に約束。課員から猛反発を受けている。

あなたが課長であればどう行動するか

○A社員の提案について

- A社員の経理伝票の電子化の提案を十分に検討。
- 電子化のメリットが大きければ、A社員の提案を課長として上申する。
- 電子化提案の実現へ向けて、他部署への説明、折衝などを行っていく。
- 電子化のメリットが小さい場合は、導入に至らない理由を論理的にA社員に説明。あるいは、提案の練り直しを指示する。

○担当者からの提案について

- 担当者の提案には、自部署内の状況をよく考えた上で回答をする。
- 今月の運用開始は可能でないと判断した場合は、自部署の状況を担当者に率直に伝える。
- その上で、職場の状況にあった提案を担当者に行う。

··

解答例 ···

(1)　課長の行動の問題点は次の二点である。

　一つ目に、事なかれ主義に徹し、業務改善への積極性が見られないことである。事例より、Ａ社員が業務の効率化のため、経理伝票の電子化を提案したことに対して、「他部署から必ず反発が出るから説得が大変だ」「今のところ大きな不満の声は上がっていない」など、消極的な理由を挙げて押しとどめている。本来、課長として業務改善にリーダーシップを発揮すべきところ、Ａ社員のモチベーションを下げる結果となっている。

　二つ目に、課内の状況を考えて業務の調整ができていないことである。新しいソフトの導入が決まり、ソフト更新作業の担当者から「今月からの運用開始でどうでしょうか」と言われると、忙しい時期であることも考えず、「分かりました、すぐに取りかかりましょう」と安易に約束してしまっている。このために、課員から猛反発を受ける結果となっている。

(2)　私が課長であれば、次のような行動を取る。

　まず、Ａ社員の経理伝票の電子化の提案を受けて、妥当なものであるかどうかを十分に検討する。そのためにＡ社員には、電子化に当たってかかる経費やランニングコストはどれくらいであるか、操作は簡便で誰でも使えるものなのか、導入によって業務時間短縮の効果は課内外でどれくらい見込まれるのか、といった要素を調べさせる。その上で経理伝票電子化の費用対効果等を検討する。結果として、電子化のメリットが大きければ、Ａ社員の提案を課長として上申する。その後は、電子化提案の実現へ向けて、電子化のメリットや費用対効果などについて、他部署への説明、折衝などを行っていく。一方で、もし電子化のメリットが小さいと判断された場合は、費用対効果の小ささや、想像したよりも業務短縮効果がない点など、導入に至らない理由を論理的にＡ社員に説明

して納得してもらう。あるいは、提案の採用までもう一歩のところであれば、提案の練り直しを指示する。その際は、コストを抑える方法、作業時間短縮の工夫などを考えて再提案するように助言する。

　また、本事例のように新しいソフトを導入することになり、ソフト更新作業の担当者から「今月からの運用開始でどうでしょうか」と聞かれた場合は、自部署内の業務の状況をよく考えた上で回答をする。自部署の業務が年末の繁忙期にさしかかっていることや、導入に当たっての業務負担などを考えた上で、今月の運用開始は適当でないと判断した場合は、「年末の繁忙期を控え、課員が忙しくとても余裕がありません」と、自部署の状況を担当者に率直に伝えて理解を得る。その上で「年を越せば仕事も落ち着きますので、来月の運用開始ではどうでしょうか」など、職場の状況にあった提案を担当者に行っていく。

職場の課題3

次の事例を読んだ上で後の問に答えなさい。

　X市役所のY課では課長、課長代理以下、4人の部下が市営施設の管理、運営業務に当たっている。施設で事故や故障などが起きた際は、課長代理から部下に連絡をし、課の職員総出で対応することがルールとなっているが、ここ数年は大きなトラブルもなく平穏に過ごせていた。このため、事故を経験した職員もいなくなっていた。あるとき、勤務時間外の土曜日に施設内で事故が発生したとの連絡が課長から課長代理にあり、職員の招集が掛けられることとなった。課長代理は、職員に持たせている業務用携帯電話で連絡を取ったが、そのうちの一人とは連絡がつかず、自宅に電話してもいなかった。私用の携帯電話の番号は、把握していなかった。集まった職員で対処することにしたが、事故対応用のマニュアルがすぐに見つからず、急いで探すことになった。すると、本棚のすみにほこりをかぶった状態でマニュアルがおいてあるのが見つかった。また、事故が発生した際には、復旧のために必要な用具類を持ち出すことになっていたが、こちらも見つけるのに手間取った。すべてがそろって現地に向かったところ、用具の一部が破損していることに気付いた。また、職員は用具に普段触る機会がなかったため、マニュアルを見ながらの作業となり手間取ることとなった。

　幸い事故による大きな被害はなく、夜には状況が落ち着いた。スタッフが役所に引き上げたところ、連絡が取れなかった職員から電話があった。その職員の話では、県外に旅行に行っていたとのことであった。業務用の携帯電話がバッテリー切れになっていたため呼び出しに気づかず、あとで、留守番電話を聞いて慌てて電話したという話であった。

問題

課長代理は現場のリーダーとして危機管理意識を持ち、トラブルにも的確に対処できるようにしておくことが求められます。この職場の問題点はどこにあるかを指摘した上で、あなたが課長代理であればどう改善するか述べてください。（90分、1200字程度）

考え方

　毎回のことですが、まず出題の指示を押さえます。「この職場の問題点はどこにあるか」「あなたが課長代理であればどう改善するか」この二点に答えることが目的です。

　「職場の問題点」として何が指摘できるかを考えてみましょう。事例では、事故発生後に連絡のつかない職員がいました。これは危機管理上問題です。このことから、「緊急時の連絡体制が不備である」を問題点として指摘できます。さらに二つ挙げるとしたら、何が指摘できるでしょうか。事例では、マニュアルが見つからない、用具が壊れていた、などの話が出てくることから、「マニュアルの管理に問題があった」と、「用具の管理と現地での取り扱いに問題があった」の二つに分けて指摘するという方法が考えられます。

　一方で、「庁舎内での管理の不備」と「現地での作業に手間取る」の二点に着目して、問題点を指摘することもできます。この考え方では、まず「マニュアルや用具の管理が出来ていない」を、問題点として指摘します。事例ではマニュアルや用具を探すのに手間取った上、用具は破損しているなど、庁舎内での管理が不適切なことが見て取れます。さらに「事故を想定した訓練が不足していた」を指摘します。普段用具を触る機会がなく、現地ではマニュアルを見ながらの作業になるなど、訓練不足が露呈しています。

　このように、問題点の指摘はいろいろな分類の仕方が考えられます。

後で解決策を書くことも念頭に、自分が書きやすいように整理してください。

答案の下書き

　以下では、「緊急時の連絡体制が不備」「マニュアルや用具の管理が出来ていない」「事故を想定した訓練が不足していた」、この三つの分類で問題点を指摘し、解決策を書く方法を示します。

 下書き ……………………………………………………………………………………

職場の問題点

○一つ目、緊急時の連絡体制が不備。

具体的な説明…

• 部下の一人と夜まで連絡がつかなかった。課内で確実に連絡が取りあえるようになっていない。

○二つ目、マニュアルや用具の管理をしていなかった。

具体的な説明…

• マニュアルや用具がどこにあるのかわからず出発に手間取る。

• 現場に着くまで用具類が破損していたことに気付かない。

○三つ目、事故を想定した訓練が不足。

具体的な説明…

• 職員が用具に触れる機会がなかったため、手間取っている。

課長代理であればどう改善するか

○一つ目、万一の際の連絡体制を確実に構築。

• 業務用、私用の携帯電話の番号を控える。ただし、管理には十分に注意を払う。

• 業務用の携帯電話は常に使える状態にしておくことを指示する。

• 休日に遠方に出かける場合は居場所についても把握する。

○二つ目、事故対応のマニュアルや用具類を職場のわかりやすい場所に

保管。

- 人が入れ替わったときには、確実に新任者に伝える。
- 職場のメンバー全員がマニュアルを熟読。
- 緊急時に持ち出す用具については年に数回検査・手入れを行う。

〇三つ目、定期的な事故対応訓練を実施する。

- 事故が発生したという想定で一連の流れを経験する。
- すべての職員が緊急時に持ち出す用具を実際に操作する。
- 事故対応の手順やマニュアル等の不備が見つかった場合は、すぐに改善する。

解答例

　この職場の問題点は、以下の三点である。

　一つ目に、緊急時の連絡体制が不備な点である。事例では、事故発生を受けて課長代理が部下に連絡をしたところ、このうちの一人と夜まで連絡がつかなかった。万一の事態が発生した際に、課内で確実に連絡が取りあえるようになっていない点が問題である。

　二つ目に、普段から事故があることを前提としてマニュアルや用具の管理をしていなかった点である。数年間大きなトラブルがなかったために事故の経験者もいなくなり、初動で混乱している様子が伺える。事故発生後に、マニュアルや用具がどこにあるのかわからず出発に手間取ったり、現場に着くまで用具類が破損していたことに気付かなかったりと、管理が余りにもずさんである。

　三つ目に、事故を想定した訓練が不足していた点である。事故が発生してから慌ててマニュアルを読んで用具を操作するようでは遅い。事例では、職員が用具に普段触る機会がなかったため、手間取っている。何かあったときに職員がスムーズに対応できるように訓練されていない。

　以上のことを踏まえ、私が、この職場の課長代理であったら、課長と

も相談し次のようなことに取り組んでいきたい。

　一つ目に、万一の際の連絡体制を確実に構築しておくことである。そのために、各職員の業務用の携帯電話の番号だけでなく、私用の携帯電話の番号も控えておく。ただし、控えた電話番号は個人情報であるため、管理には十分に注意を払う。また職員に対し、勤務時間外であっても緊急時は連絡をする可能性があるので、業務用の携帯電話は常に使える状態にしておくこと、休みの日に遠方に出かける際は、大まかな行き先についても知らせるように指示をする。

　二つ目に、事故対応のマニュアルや用具類を職場のわかりやすい場所に保管し、いつでも持ち出せるようにしておく。また、保管場所を書いた紙を職場の見やすい場所に掲示しておく。異動などにより人が入れ替わったときには、マニュアルや用具の置いてある場所を確実に新任者に伝える。さらに、職場のメンバー全員でマニュアルに目を通し、いざという時にはマニュアルを見なくても対応できるくらいまで熟読しておく。これに加え、緊急時に持ち出す用具については年に数回検査・手入れを行うこととし、万が一事故が起きたときに確実に使えるようにしておく。

　三つ目に、職場内で定期的な事故対応訓練を実施する。事故が発生したという想定で職員への連絡を行い、現場への急行、復旧へ向けての作業など一連の流れを経験する。復旧作業の訓練を行う際は、すべての職員が緊急時に持ち出す用具を実際に操作して、作業に慣れさせておく。この訓練で、事故対応の手順やマニュアル等の不備が見つかった場合は、課内で話し合いすぐに改善することとする。

　私は、以上のことに課長代理として取り組み、万一の際にも全スタッフが的確に行動できる体制を作っていきたい。

職場の課題4

次の事例・資料を読み込んだ上で後の問に答えなさい。

ある会社のお客様電話相談窓口では、A係長以下、5人の係員で業務を行っている。この会社では4月に商品の不備が見つかり返品を受付けることとなった。この件については、会社のウェブサイトに詳しい説明が載る上、ウェブサイトからの返品申し込みを可能とする方針であった。このため、係長は電話による問い合わせは少ないだろうと考え、係員に返品受付けについての簡単な説明文を渡し、「各自で目を通しておくように」との指示を出すに留めた。

実際に商品の不備と返品の受付けが発表されると、お客様からの電話が殺到するようになった。返品の対象となる商品は購入日、使用年数などによって細かく分かれており、電話で応対する係員はお客様から質問されてもすぐに答えることができず、電話対応に時間がかかるようになった。また、電話で返品を申し込む人も多かった。その場合は先に商品を返送してもらう必要があるが、そのことを伝え忘れたり、返金される目安となる日を相手に伝え間違えたりするなどのミスが何度も繰り返された。

この結果、お客様を電話口で待たせることが多くなり、そのことがさらにクレームを招く結果となった。また、お客様によっては返品の申し込みを終えて電話を切った後、再度尋ねたいことがあって電話をかけてくる人もいた。この時、別の担当者には情報が引き継がれず、また一からの説明となり、お客様の不満が高まる結果となった。

資料1

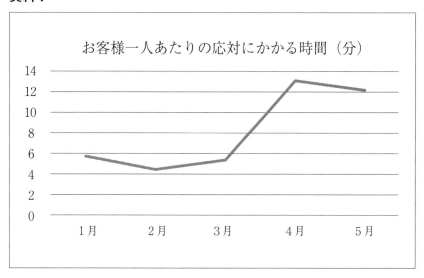

お客様一人あたりの応対にかかる時間（分）

資料2

お客様からの相談、意見、苦情の内容（4月分）

商品の返品に応じて欲しい……………………567件
電話がなかなか繋がらない……………………343件
不良品が出たことに失望した…………………226件
担当者の回答が要領を得ない…………………209件
前に相談した内容が引き継がれていない…201件
新商品の情報を知りたい………………………51件
店舗の電話番号を知りたい……………………31件

問題

この職場にはどのような課題があるか指摘した上で、あなたが係長であればどのように改善していくか考えを述べなさい。（100分、1500字程度）

考え方

　出題で問われていることは「この職場にはどのような課題があるか」「あなたが係長であればどのように改善していくか」この二点です。字数もかなり長いですので、それぞれ三つは挙げておきたいところです。

　課題を考える上で、まず、事例の第一段落に注目します。係長は「電話による問い合わせは少ないだろう」と考え、事前に十分な情報を係員に提供しませんでした。これが混乱の元凶ですから、「情報提供の改善」を課題として挙げます。また、第二段落にあるように、電話対応でのミスが頻発していることから「係員のミスを減らすこと」を課題として挙げます。さらに第三段落を見ると、担当者間での引き継ぎがうまくいかず、お客様の不満が高まっています。このことから「問い合わせ内容の引き継ぎ」も挙げることができます。

　それと、今回は事例だけでなく、資料が二つ添付されています。これも活用しながら書いていきます。資料１では、４月以降、お客様一人当たりの対応時間が急伸していることが示されています。資料２では、この相談窓口に直接関わることとして、「電話がなかなか繋がらない」「担当者の回答が要領を得ない」「前に相談した内容が引き継がれていない」といったクレームが多数寄せられていることがわかります。これらの点を、「職場の課題」を指摘する際に触れておきます。

答案の下書き

 下書き ………………………………………………………………

この職場にはどのような課題があるか

○一つ目、情報提供の改善が課題。

• 簡単な説明文だけを渡したため、お客様からの電話に対応できない事態を招いた。

資料から分かること）

- 資料１…一人当たりの電話対応の時間が急伸している。
- 資料２…「電話がなかなか繋がらない」「担当者の回答が要領を得ない」などの苦情。

○二つ目、係員のミスを減らすことが課題。

- 伝え忘れ、伝え間違いなど初歩的なミスが繰り返されている。

○三つ目、問い合わせ内容の引き継ぎが課題。

- お客様が再度電話をかけてきた際に、状況をまた一から説明させている。

資料から分かること）

資料２…「前に相談した内容が引き継がれていない」という苦情多数。

あなたが係長であればどのように改善していくか

○一つ目、係内でQ&A集を整備して、係員の知識や応対力を高める。

具体策）

- 重要な情報発表がある場合は、質問に対してのQ&A集を作って配布。
- 係内でミーティングを開いて、不安要素をあらかじめ潰しておく。

○二つ目、情報共有によってミスを減らす。

具体策）

- ミスやヒヤリ・ハット事例を各自で控えてもらい、終業時に係長へ報告。
- 翌日の朝礼で、問題のあった事例を全員に周知。
- 頻繁に発生するミスや重大なミスは、注意喚起の紙を配布し自席に貼ってもらう。
- ただし、ミスを起こした人が特定されないように配慮する。

○三つ目、共有ファイルを活用してお客様の情報を引き継ぐ。

具体策）

- 通話内容を、共有ファイルの中に登録しておく。
- このファイルは自席のパソコンでいつでも閲覧できるようにする。
- その結果、苦情が減るとともに、相談電話が繋がりやすくなる。

解答例 ....

　この職場には以下の三つの課題を指摘できる。

　一つ目として、係員への情報提供の改善が課題である。事例より、係長は商品の返品を受付けることになった際、「電話による問い合わせは少ないだろう」と甘い判断を下して、係員には簡単な説明文を渡すだけの対応しか行わなかった。その結果、お客様からの電話に係員が的確に対応できない事態を招いた。資料１に示されるように、４月以降のお客様一人当たりの電話対応の時間が前月の二倍以上に急伸している。また、資料２に示されるように「電話がなかなか繋がらない」「担当者の回答が要領を得ない」など苦情が多数寄せられ、お客様の不満が高まっている。

　二つ目に、係員のミスを減らすことが課題である。事例より、お客様に伝えるべきことを電話で伝え忘れたり、返金される目安となる日を間違えて伝えたりといった、初歩的なミスが繰り返されている。ミスを減らす仕組みを作らなければならない。

　三つ目に、問い合わせ内容を引き継ぐ仕組み作りが課題である。事例より、引き継ぎができていないために、お客様が再度電話をかけてきた際に、状況をまた一から説明させてしまっている。このため、資料２より「前に相談した内容が引き継がれていない」という苦情が２００件以上も寄せられている。

　以上を踏まえ、私が係長であれば、以下の三つの改善に取り組んでいく。

　一つ目に、係内でQ&A集を整備して、係員の知識や応対力を高めることである。今回のような返品の受付けや、新商品の発売、メディアに対しての情報発表などがある際には、事前に十分な情報を入手し、係員に対してその内容や応対法を理解させる必要がある。例えば返品の受付であれば、対象となる商品の種類は何か、どのような手続きを行うのか、どれくらいの期間で返金されるのかなど、予想される質問に対しての

Q&A集を作って配布する。さらに係内でミーティングを開いて、Q&A集で不明な点はないかなどを聞き、不安要素をあらかじめ潰しておく。このように、事前に十分な情報提供をしたり、質問の場を設けたりすることで係員の理解を深め、お客様からの問い合わせが殺到してもスムーズに対応できるようにしておく。

　二つ目として、情報共有によってミスを減らしていきたい。そのための取り組みとして、毎日の電話対応の中で経験したミスやヒヤリ・ハット事例を係員に控えてもらい、終業時に係長へ報告することとする。翌日の朝礼時には、係長から問題のあった事例を全員に周知し、注意喚起をしていく。頻繁に発生するミスや重大なミスについては、係員にミスの事例と注意喚起を書いた紙を配布し、自席の見やすい位置に貼ってもらう。ただし、ミスを起こした人が特定されないように配慮する。このようなやり方で情報共有を進め、一度起きたミスが繰り返されない体制を作る。

　三つ目として、共有ファイルを活用してお客様の情報を引き継ぐ仕組みを作る。お客様との通話内容は、対応した係員がパソコンで打ち込み、共有ファイルの中に登録しておく。このファイルは電話窓口の担当者が自席のパソコンでいつでも閲覧できるようにする。これによって、同じお客様から再度問い合わせがあった場合も、すぐに前回の相談内容を参照することができるようになる。その結果、お客様からの苦情が減るとともに、電話対応の時間そのものが短くなり、相談電話が繋がりやすくなる。

　私は、以上の改善策によって電話対応を改善し、お客様の不満を解消していく。

職場の課題 5

次の事例・資料を読み込んだ上で、後の問に答えなさい。

　X県庁のY課では11月末に県内産の農産物消費拡大のためのフェスティバルを開くことになり、準備を進めている。今回は、主査であるA職員がプロジェクトリーダーとなって、実務を取り仕切ることになった。他に、過去に同様のプロジェクトでリーダーを務めた経験のあるベテランB職員、若手C職員、新人D職員が、プロジェクトのメンバーとなった。フェスティバルではシンポジウムの実施や模擬店の出店などが企画され、各職員の担当制で準備を進めていくことになった。シンポジウムや模擬店などの企画は、手順として、担当するC職員やD職員が、内容についてまずA職員に相談することになった。ここで中身を詰めたうえで、課長に上げ、最終的な承認をもらって、人や物の手配に入るという流れであった。しかし、A職員は庁内の調整や外部との交渉などに忙殺され、C職員やD職員からの相談になかなか時間を割けなかった。このため、C職員やD職員の作業はストップしがちとなった。また、Y課では情報共有の重要性から、こまめに会議を開いてちょっとした連絡事項や、定例の業務報告、資料の読み合わせなどを行うことが原則となっていた。このため、日常的に会議が多く、そのたびにプロジェクトのメンバーは作業が中断されることとなった。さらに9月下旬にD職員は怪我で1カ月入院・休業することになったため、D職員の仕事はリーダーのA職員が引き受けることにした。これによりA職員はさらに繁忙となり、開催までの準備完了が危ぶまれるようになった。

資料 1

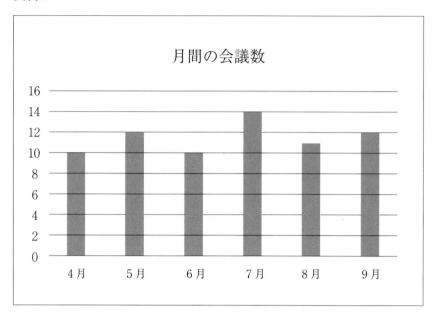

資料 2

担当業務

A 職員…外部団体との交渉、予算管理、他部署との折衝、全体的な進
捗管理
B 職員…資材等の発注、会場の確保
C 職員…シンポジウム企画、ワークショップ企画
D 職員…模擬店企画、庶務、広報

問題

この職場にはどのような課題があるか指摘した上で、あなたが A 職員
であればどのように改善していくか考えを述べなさい。(90 分、1200 字
程度)

考え方

　出題で問われていることは「この職場にはどのような課題があるか」「あなたがA職員であればどのように改善していくか」の二点です。まず、この職場のどこがまずいのかを考えます。事例を読むと、A職員の不在で、C、D職員が相談できず作業が止まってしまうこと、会議が多く作業効率が下がっていること、A職員がD職員の業務を一人で抱え込んでさらに作業が遅れていること、などが目につきます。これらをどう改善していくかが課題になりそうです。今回は、課題と改善の方法を三つずつ挙げる形にします。なお、最終的な承認者が課長であることから、取り組みを示すに当たっては「課長と相談の上、次のようなことを実行する」といった書き方をすると良いです。

　この出題も資料が添付されていますので、答案を書く際に活用します。資料1では、月間の会議の数が10回以上にも及んでいることが分かります。資料2からは、元々A職員は多くの仕事を抱え、この上にD職員の仕事をすべて引き受けると無理が生じることが推測できます。こうした点について指摘します。

答案の下書き

 下書き ⋯⋯⋯⋯⋯⋯⋯⋯⋯⋯⋯⋯⋯⋯⋯⋯⋯⋯⋯⋯⋯⋯⋯⋯⋯⋯⋯⋯⋯⋯

この職場にはどのような課題があるか

○一つ目、C、D職員がいつでも相談できる体制を作る必要性。

• 相談役はA職員に限られているため、準備が先に進まなくなっている。

• C、D職員の相談役を確保する必要がある。

○二つ目、会議のあり方を見直す。

資料から分かること）毎月10回以上の会議が開かれている。

• 頻繁に会議が開かれるためメンバーの作業が度々中断し、業務の効率を下げている。

○三つ目、業務配分の見直し。D職員が入院した後、仕事はA職員が

丸抱えしている。

資料から分かること）A 職員は元々多くの仕事を抱えている。

• プロジェクトの進行をさらに遅れさせる可能性。

あなたが A 職員であればどのように改善していくか

• 課長と相談の上、次のようなことを実行する。

○一つ目、B 職員と話し合い、私が不在であるときの C、D 職員の相談役をお願いする。

• 私が在室であれば C、D 職員の相談にはこれまで通り応じる。

• B 職員とは C、D 職員の状況についてメールなどで報告し合う。

○二つ目、会議は必要な場合にだけ開催する。

• 直接やりとりをする必要性の高いものに絞る。それ以外の連絡事項等については課内のメーリングリストを通して周知する。

○三つ目、チーム全体で D 職員の仕事をカバーする。

• D 職員の仕事は全員に割り振る。1 カ月間は、チーム全体で支えていく。

....

 解答例 ....

　この職場の課題点は以下の三点である。

　一つ目に、C、D 職員の相談体制の見直しである。事例より、C、D 職員の相談役は A 職員に限られている。A 職員が多忙で相談に当たる時間がないことがボトルネックとなり、準備が先に進まなくなっている。C、D 職員がいつでも相談できる体制を作る必要がある。

　二つ目に、会議のあり方を見直すことである。資料 1 より、毎月 10 回以上の会議が開かれており、これは 3 日に 1 回以上のペースに相当する。事例に示されるように、頻繁に会議が開かれるためメンバーの作業が度々中断する状態となっている。そのことが業務の効率を下げ、フェ

スティバルの準備の遅れに繋がっていると考えられる。

　三つ目に、業務配分を見直すことである。事例より、D職員が入院した後、その仕事はA職員が丸抱えする形となった。しかし、資料2に示されるようにA職員は元々多くの仕事を抱えている状態であった。この上に、D職員の仕事をすべて受け持つことは、プロジェクトの進行をさらに遅れさせる可能性がある。適正な配分に見直す必要がある。

　以上を踏まえ、私がA職員であれば、課長と相談の上、次のようなことを実行し事態を改善させたい。

　まず、B職員と話し合い、私が不在であるときのC、D職員の相談役をお願いする。B職員は過去に同様のプロジェクトでリーダーを務めたことがある。ベテランであることから経験も豊富である。私が在室であればC、D職員の相談にはこれまで通り応じ、不在時はB職員が相談に応じる体制とする。そのために、B職員とはC、D職員の企画の進行状況についてメールなどで報告し合い、常に情報を共有しておくこととする。このような体制によって、私が不在時であっても、C、D職員の作業が遅滞なく進んでいくようにする。

　次に、会議の内容を精査し、必要な場合だけ開催する方針に変えることを提案する。事例にも示されるように、これまでは、ちょっとした連絡事項や、資料の読み合わせなど、必ずしも会議を開かなくても済むと思われる場合があった。今後、会議の開催は、直接顔を合わせてやりとりをする必要性の高いものに絞る。それ以外の連絡事項等については課内のメーリングリストを通して周知させることにする。

　最後に、チーム全体でD職員の仕事をカバーする態勢を作っていく。D職員の仕事のうち、例えば模擬店企画はB職員が、広報については私が、庶務はC職員が担当というように全員に割り振る形にする。D職員の休業は1カ月であり、10月下旬には復帰できる。この間は、チーム全体で支えていくことにする。

　私は、主査としてリーダーシップを発揮しながら上記のことを実行し、フェスティバル開催までに確実に準備を終了させる。

行政の抱える課題

資料1

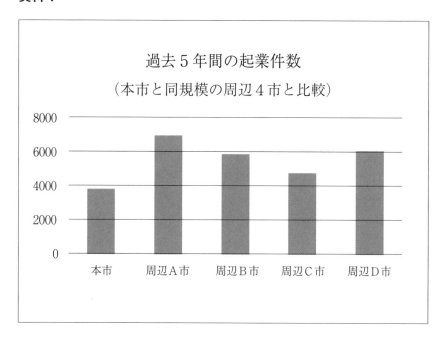

資料2

市民アンケートの結果（抜粋）

○「起業に関心があるか」についての回答結果
ある	45.6％
ない	38.2％
既に起業している	12.5％
その他	3.7％

○上記で「ある」と答えた人に対して、「あなたが実際に起業する上で
何を必要としているか」を尋ねた結果（複数回答）

事業計画やビジネス内容の相談の場…………68.5％
事業を始めるための資金…………………………55.2％
会社設立の方法や税処理に関しての相談の場…50.2％
事業を行うための店舗、事務所………………45.3％
周囲の人の支援……………………………………31.2％
現在の勤務先の理解………………………………10.2％

資料3

良いアイディア活かされず 起業支援に課題

次世代の産業の育成や地域経済の活性化策として起業家が増えていくことが期待されているが、実際に起業するに当たってはさまざまな課題があることが浮き彫りになっている。

起業者の実情に詳しい、○○大学の山田×メ教授によると、起業をしたいと考える人はこれまで二十代、三十代の若い層が中心であったが、最近では定年退職後に起業に挑戦するなど中高年層も増えているという。また、女性の起業も活発になっており、主婦が自分の特技や趣味を活かして起業に踏み切る

ケースも多くなっていると話す。

一方で起業に当たっては設備投資、従業員の雇用、広告展開などの資金が必要になる。しかし、これらの不足のため、せっかく良いアイディアを持っていても活かせないまま埋もれてしまうケースがあると指摘する。

山田教授は「良いアイディアが活かされれば、社会にとってもメリットとなる。社会全体で起業者を育てていくような取り組みが必要だ」と話している。

（四月五日　○×新聞）

考え方

　この出題は、「職場の課題」ではなく「行政の抱える課題」について扱っていますが、考え方はこれまでと変わりません。今回は事例文がありませんから、資料から課題点をピックアップして、どうすればそれが解決できるのかを書いていきます。

　出題は(1)と(2)ではっきり分かれていますので、それぞれ問われていることに解答します。(1)は「起業に関して、どのような課題があるか」という指示ですから、資料から課題を明らかにしていきます。これくらいの量であればすべての資料について答案で触れておきましょう。なお、あまりにも資料が多い場合は、取捨選択して構いません。

　資料１からは、本市の起業が周辺市に比べて低調であることが分かります。資料２からは、起業に関心を持つ人が多いこと、起業にあたって各種相談の場、資金、店舗等を必要としていることが分かります。資料３では、資金不足が起業を停滞させ、アイディアを活かせていないことが指摘されています。この記事は、「本市」に特有の課題を書いたものではありません。しかし、この記事から一般論として起業にはこういう課題があるということが分かります。これは「本市」の起業促進策を考える上でも参考にすることができます。

　(2)では(1)で明らかにした課題を元に解決策を書いていきます。具体的には、資料２や３で「起業者はこういうことを必要としている」ということが書かれてありますから、これに応えるような解決策を書いていきます。

答案の下書き

下書き ・・

⑴起業に関して、どのような課題があるか
○資料の分析

- 資料１…周辺の４市と比べると最も低い水準であり、積極的な取り組みの必要あり。
- 資料２…半数近くの市民が起業に関心を持っている。起業に当たっては事業計画や税処理などに関する相談の場、資金や店舗・事務所が必要と答えている。
- 資料３では、良いアイディアがあっても資金不足で実現に至っていないことが示される。

○導き出した課題
- 出遅れている本市の起業を活発にするため、起業に当たっての相談、資金などの支援を充実させ、優れたアイディアを社会で活かしていく。

(2)起業を活発にするために本市としてどのように取り組んでいくべきか

○一つ目、起業を考えている人が専門家に相談できる場を作る。
- 起業に関心がある人向けのセミナーを開催。
- 中小企業診断士、税理士、社会保険労務士など、専門家による無料相談会を開催し、起業後のフォローもする。

○二つ目、費用を助成する市独自の制度の創設。
- 事業計画を審査した上で、初期投資に充てる経費を助成する制度を作る。
- 県の制度と合わせて活用できる仕組みにする。

○三つ目、空き店舗等を活用した起業者向けのスペースの提供。
- 市が中心部の商店街の空き店舗を借り上げ、起業者向けの共同オフィスとして安く貸し出す。
- 空き店舗の有効活用、地域の活性化という面でも効果がある。

まとめ
- 人口減少時代、新たな産業の育成は重要。起業が活発に行われる街を実現する。

解答例

(1) 資料1より、本市の過去5年間の起業件数は4000件弱に留まっている。周辺の4市と比べると最も低い水準である。現状では本市で起業が盛んであるとは言えず、積極的な取り組みを展開していくことが求められる。一方で、資料2より、「起業に関心がある」と答えた市民は45.6％に上っており、半数近くの市民が起業に関心を持っていることが分かる。また、この内多くの人が、起業に当たっては事業計画や税処理などに関する相談の場を必要と考え、資金や店舗・事務所の必要性を挙げている人も半数前後いる。さらに、資料3では、良いアイディアがあっても資金不足で実現に至っていない現実が指摘されている。

　以上のことから、他市に比べて遅れている本市の起業を活発にするため、起業に当たっての相談、資金などの支援を充実させ、優れたアイディアを活かしていくことが課題である。

(2) 本市で起業を活発にするため、次の二点に取り組んでいくべきである。

　一つ目は起業を考えている人が専門家に相談できる機会を作ることである。起業に際しては、自分の事業計画が採算のとれるものであるか、どのような税金を納めなければならないか、人を雇う際にはどのような手続きが必要か、などさまざまな面からの相談ニーズがあると考えられる。これらに応えるため、市が起業に関心がある人向けのセミナーを開催し、中小企業診断士、税理士、社会保険労務士などの専門家から助言を受けられる機会を作ると良い。さらに、こうした専門家に相談できる無料相談会を市内で月1回程度開催し、起業後も含めて気軽に相談できる場所を作っておく。起業にあたって十分な情報や助言が得られるようにする。

　二つ目に、起業に関しての費用を助成する市独自の制度の創設である。優れたアイディアが十分に活かされるような仕組みを作ることが重要である。事業計画を審査した上で、初期投資に充てる経費を助成する制度を作ると良い。現在、県において同様の制度が導入されているが、助成

の金額が低く抑えられている。このため、市独自の制度を作り、県の制度と合わせて活用できる仕組みにすることで、起業へのハードルを下げることができる。

　三つ目に、空き店舗等を活用した起業者向けのスペースの提供である。起業に際して、事務所等を構える必要があるが、テナントの借り受けは固定費が大きくなり、創業当初の負担となる。そこで、市が中心部の商店街の空き店舗を借り上げ、起業者向けの共同オフィスとして安く貸し出せば良い。中心商店街は空洞化が進んでおり、空き店舗の有効活用にも繋がる。商店街の人の行き来が活発になり、地域の活性化という面でも効果がある。

　人口減少時代を迎えた本市にとって、意欲と才能のある人を応援し、新たな産業を育成していくことは重要である。市として以上のことに積極的に取り組み、起業が活発に行われる街を実現すべきである。

課題の書き方について

　この答案では、課題の書き方が「職場の課題1～5」で示している方法と違います。「一つ目の課題はこうだ…」「二つ目の課題はこうだ…」という書き方をせず、（1）の終わりで「以上のことから、他市に比べて…」と、課題全体を取りまとめる書き方です。

　「職場の課題1～5」のような、事例文がついている出題は、事例を頭から分析していけば、課題が順番に見えてきます。ですから「一つ目の課題はこうだ…」「二つ目の課題はこうだ…」とすんなり書けました。しかし、この出題の場合は、全部の資料を分析した上で初めて課題の全体像が見えてきます。そこで、先に資料1～3を分析して、最後に全体として言える課題を提示する方法にしています。この問題では、こうした書き方も考えられます。

　答案の書き方は一つではありませんから、出題を見ながらそれに適した書き方を考えましょう。

著者略歴

今道琢也（いまみち・たくや）

　小論文をはじめとした各種文章の書き方を指導する「ウェブ小論文塾」代表。京都大学文学部国語国文学科卒。高校時代から小論文に定評があり、現役時に大阪大学文学部、翌年の再受験で京都大学文学部、慶應義塾大学文学部（いずれも論文試験あり）に合格。卒業後は、NHK（論文試験あり）に採用され、アナウンサーとして15年間勤務する。組織の中で仕事をした経験が、後に昇進試験の小論文を指導する上で役立つこととなる。独立後は「ウェブ小論文塾」を創業する。丁寧かつ的確な指導で、受講者の圧倒的な支持を得ている。著書に『全試験対応！直前でも一発合格！落とされない小論文』（ダイヤモンド社）、『合格答案はこう書く！公務員試験小論文 頻出テーマ完全攻略』（高橋書店）がある。

ウェブ小論文塾について

　当塾では昇進試験の他、各種試験の小論文や面接カード等の指導を手掛けております。実際に企業で勤務し、マネジメントや人材育成に関わった経験のある講師が指導している点が強みです。過去問題や予想問題を使った指導で、高い実績を上げています。メール、ファックス等を活用し、全国どこでも、答案提出翌日から3日以内に返却します（休講日を除く）。興味のある方は当塾のウェブサイトをご覧ください。

https://www.ronbun.net/

しょうしん し けんしょうろんぶんごうかくほう
昇進試験小論文合格法

2021年（令和3年）4月22日　初版第1刷発行
2024年（令和6年）9月12日　初版第5刷発行

著　者　　今道 琢也
発行者　　石井 悟
発行所　　株式会社自由国民社　　https://www.jiyu.co.jp/
　　　　　東京都豊島区高田 3-10-11　〒 171-0033　　電話 03-6233-0781（代表）
造　本　　JK
印刷所　　大日本印刷株式会社
製本所　　新風製本株式会社